책(冊)은 마음의 선물입니다.
책을 선물하는 당신, 당신은 아름답습니다.
당신의 따뜻한 마음을
당신의 소중한 그 분에게 전하세요. *^^*

From.

To.

Well-being Pilates 3

7080(골드)
세대의 올바른
생활건강운동
지침서!!

건강한 삶을 위한

7080
Gold Pilates

골드
필라테스

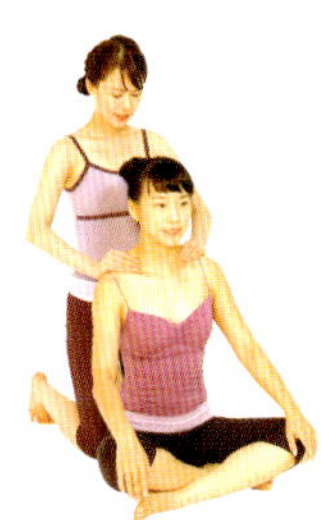

건강한 삶을 위한

7080
Gold Pilates
골드 필라테스

초판1쇄 인쇄 | 2010년 12월 03일
초판1쇄 발행 | 2010년 12월 10일

출판등록 번호 | 제 2006-38호
출판등록 일자 | 2006년 8월 1일
사업자등록 번호 | 206-92-86713

ISBN | 978-89-94716-00-8 13690

주소 | 서울특별시 송파구 풍납동 484-12 1층
전화 | (02)2294-9105
팩스 | (02)2295-6103

이메일 | morning@morningbooks.co.kr
홈페이지 | www.MorningBooks.co.kr

펴낸곳 | 아침풍경
펴낸이 | 김성규

저자 | 김혜진 · 황향희 · 신혜숙 · 백희영 · 최윤정

도와주신 분들 | 동영상 강의 지도 _ 김혜진
동영상 촬영 및 편집 _ 배웅열
모델 _ 김보람(강원대학교 대학원 스포츠과학과 박사과정)
이유진(강원대학교 대학원 스포츠과학과 석사과정)

편집 | 디자인 숲 · 이기숙
표지디자인 | 디자인 숲 · 이기숙

Published by AchimPoongKyong Co., Ltd. Printed in Korea

PREFACE

    7080 골드 필라테스 노인운동은 노인 스스로 독립적이고, 기능적으로 일상생활을 영위할 수 있도록 하는데 목적을 두고 있습니다. 저출산, 노령화, 핵가족 등은 사회적, 경제적, 신체적으로 노인이 자신의 삶을 책임지도록 하고 있습니다. 특히, 신체적인 측면에서의 노화는 타인의 도움이 없이 수행하였던 청소하기, 목욕하기, 시장보기, 손자와 놀아주기 등을 어렵게 합니다. 따라서 노인 스스로 자신을 돌볼 수 있는 신체적 건강이 요구되며, 이를 위한 노인운동의 실천이 삶의 질을 높일 수 있을 것입니다. 노인을 위한, 안전하고 재미있는 그리고 기능적인 운동, "7080 골드 필라테스(Gold Pilates)"를 소개합니다.

7080 골드 필라테스란?

    현장에서 만난 한 할머님은 자신이 살아 있는 동안 자식에게 부담을 주지 않고, 건강하게 살아가길 바란다고 말씀하셨습니다. 이는 대부분의 노인이 가지고 있는 큰 바람일 것입니다. 그리고 그 할머님은 오래 살려고 운동하는 것이 아니라, 사는 동안 건강하게 지내기 위해서 운동하신다고 하시면서, 노인은 운동을 반드시 해야 한다고 말씀하셨습니다.

    사실 많은 70~80대 노인들이 사회활동을 하고 계십니다. 또한 노인이라고 하기 조심스러울 정도로 정력적이고 활동적인 분들을 주위에서 쉽게 찾아 볼 수 있습니다. 다만, 대다수의 노인들은 젊은 세대에 비해 신체활동이 부자연스럽고 제한적인 것이 사실입니다. 따라서 노인의 신체활동을 보다 자유롭고 활발하게 하여 건강을 자연스럽게 유지할 수 있도록 하는 '노인을 위한 운동'은 노인의 삶에 큰 도움이 될 것입니다. 지금도 전국에서 기체조, 요가, 스트레칭, 전통춤 등이 노인운동으로 보급되어 노인건강에 기여하고 있습니다. 앞으로 여기서 소개하는 "노인을 위한 운동(7080 골드필라테스)"이 국내의 노인건강에 이바지하기를 바랍니다.

    7080 골드 필라테스는 노인을 위해 디자인된 운동프로그램으로, 국내외에 알려진 필라테스의 원리를 기반으로 하고 있습니다. "생각하는 운동"이라고 불리는 필라테스는 집중하는 만큼 신체를 성공적으로 움직일 수 있다는 원리에 기초한 안전한 운동요법입니다. 노인이 신체를 기능적으로 사용할 수 있으려면, 무엇보다도 안정된 상태에서 신체를 생각한대로 움직여야 합니다. 이러한 운동을 신체 안정성 운동(Stability Exercise)이라고 하는데, 신체 안정성은 근력, 지구력, 유연성, 균형성의 기초일 뿐 아니라, 자세를 바르게 유지할 수 있는 근골격계의 안정성을 의미합니다.

7080 골드 필라테스의 특성

　건강한 노인은 비록 신체 기능이 젊은이들에 비해 떨어져 있지만, 노인운동을 수행하는 데는 큰 어려움이 없습니다. 그러나 일반적으로 70~80대 노인은 신경계와 근육계 간의 소통이 불안정하여 운동수행 능력이 현저히 떨어집니다. 따라서 고령의 노인들이 일반적인 노인운동프로그램을 성공적으로 수행하기는 어렵습니다. 그런 이유로 7080 골드 필라테스에서는 보다 효과적으로 운동을 수행할 수 있도록 파트너십(Partnership)과 마사지요법(Massage Therapy)을 추가적으로 채택하였습니다.

　현실적으로 노인운동은 안전상의 문제로 대부분 정적인 운동형태를 취하고 있지만, 2인 1조의 파트너십(Partnership)은 노인운동이 안전하고 기능적이면서 동적으로 진행될 수 있도록 합니다. 또한 자신의 파트너의 도움을 받아 수행하는 운동동작은 부족한 근력, 지구력, 유연성 및 균형성을 효과적으로 개선시킬 수 있게 합니다.

　마사지요법(Massage Therapy)은 신체의 긴장을 완화시키고, 사회적인 소외감으로부터 정신적 안정감을 높여줍니다. 서로 간에 '예쁘다며 파트너의 얼굴을 쓰다듬기', '발바닥을 손으로 통통 쳐주기', '척추 따라 두드려 주고 기운 쓸어내리기' 등의 마사지요법은 서로에게 큰 웃음을 줄 뿐 아니라 신뢰감을 줍니다. 누군가 자신의 몸을 어루만져주고 관심을 가져주는 노인운동은 자신이 사랑을 받아야할 소중한 존재임을 노인 스스로 다시 깨닫게 하는 기회를 마련할 것입니다.

상대적 교육 참여의지

　노인운동에서 어떠한 나이 그룹에 속하느냐에 따라 참여 자세가 확연히 다르게 나타납니다. 예를 들어, 70~80대의 교육그룹에 속한 60대 노인은 적극적인 자세로 활발한 신체활동을 보이는 반면, 60~70대 교육그룹에 속한 80대 노인은 매우 소극적인 자세로 조심스럽게 참여하는 것을 볼 수 있었습니다. 따라서 넓은 나이대를 대상으로 교육하는 것은 비효율적일 수 있으며 교육 참여의지를 낮추는 요인이 될 수 있습니다.

　예를 들면, 40~80대에 이르는 마을 주민을 대상으로 교육을 진행한 사례가 있었습니다. 결국 전문강사를 추가로 투입하여 중장년그룹과 노년그룹으로 나누어 동시에 교육하여 교육 참여를 높일 수 있었습니다. 즉, 동일한 나이대의 노인그룹을 교육하는 것이 바람직하며, 여기에서는 60대 중반 이상의 신체활동이 가능한 노인을 대상으로 7080 골드 필라테스가 소개됨을 알립니다.

노인을 위한 즐거운 운동

짐볼을 가지고 하는 운동은 모든 참여 노인들을 웃게 만드는 마법의 운동입니다. 짐볼 위에 앉아 신체를 위아래로 구르는 "바운스" 동작을 기본으로 구성된 짐볼운동은 노인들이 즐겁게 따라할 수 있는 유산소운동입니다. 그러나 불과 4년 전 필라테스 운동이 노인들에게 소개될 당시, 짐볼운동을 소개하고 전파하는 일은 매우 어려운 도전이었습니다. 그 당시까지만 하더라도 짐볼 위에 고령의 참여자가 앉는 것조차 시도해서는 안 될 위험한 일이라고 운동전문가들이 생각하였습니다. 안전을 최우선으로 하는 노인운동에서 노인이 짐볼 위에서 다양한 운동을 수행한다는 것은 있을 수 없는 일이었습니다. 그러나 어느 누구도 시도하지 않았던 짐볼운동이 이제는 노인을 위한 유산소운동으로 현장에서 지도되고 있다는 사실은 놀라운 변화가 아닐 수 없습니다.

노인의 신체 균형성이 매우 떨어진다는 사실은 짐볼 위에 앉았을 때 불안정한 자세와 동작으로 바로 나타납니다. 따라서 교육 초기에 파트너간의 도움이 절대적으로 필요한 것입니다. 걷고 뛰는 신체활동보다는, 앉거나 누워 보내는 시간이 많은 노인에게 짐볼운동은 신체를 안전하게 유지할 수 있는 근육과 신경을 자극합니다.

노인을 위한 마사지요법은 파트너 간에 즐거움을 주는 운동으로 자리를 잡았습니다. 파트너를 위한 간단한 동작들이 신체적 피로를 풀어주고, 정신적인 안정감을 높여 줍니다. 7080 골드 필라테스에서 소개되는 마사지요법은 노인들에게 필요한 신체활동이라고 할 수 있습니다.

노인운동 교육의 고려사항

고령화로 인한 노인의 건강은 사회적인 관심사입니다. 노인운동교육이 성공적으로 이루어지기 위해서 아래와 같은 6가지 사항을 고려하도록 해야 합니다.

① 노인운동은 파트너십을 이용하여 안전하게 수행되어야 합니다.

② 노인운동은 웃음을 줄 수 있어야 합니다.

③ 노인의 특성을 이해하고 그들에게 관심을 기울어야 합니다.

④ 신체기능을 향상시켜 노인 스스로 자신감을 회복할 수 있도록 합니다.

⑤ 근력, 지구력, 유연성, 균형성 등을 개선할 수 있도록 다양한 동작을 구성합니다.

⑥ 운동이 노동이 아니라는 점을 인지시키고, 운동을 지속할 수 있도록 동기를 부여해야 합니다.

CONTENTS

CONTENTS

CONTENTS

Appendix 우리 몸의 올바른 구조에 대한 이해 162

　　고령의 노인에게 가장 필요한 운동이 무엇이 있을까요? 아마도 혈액순환과 심폐능력을 향상시키는 유산소운동이 그 중 하나일 것입니다. 그러나 유산소운동은 걷기와 뛰기로 이루어지는 운동으로 노인에게 가장 도전하기 힘든 영역이 아닐까 싶습니다. 노인의 부족한 하지근력과 무릎 및 발목관절의 노화는 보행을 어렵게 합니다. 결국 짐볼운동은 이러한 문제점을 보완한 상태에서 유산소운동을 할 수 있도록 합니다.

　　짐볼은 신체의 충격을 완화하고 중력이 주는 관절의 부하를 최소화합니다. 따라서 짐볼에 앉아 하는 지속적인 동작은 심장과 폐에 일정한 자극을 주어 혈액순환과 심폐기능을 향상시킵니다. 현장에서 참여 노인에게 걷기를 10분 동안 지속할 수 있는지 물어보면, 그렇게 하기가 너무 어렵다고 합니다. 하지만 짐볼 위에서는 모든 참여 노인은 10분 동안 유산소운동을 할 수 있습니다.

　　노인운동에서 자세를 안정하게 유지하는 것은 일상생활에서의 안전과 관련됩니다. 서서 또는 앉아서 하는 것보다 누워하는 운동이 척추의 부하를 줄이고 바른 자세를 유지할 수 있게 하며, 무엇보다 신체통증을 최소화할 수 있습니다. 특히 폼롤러 위에 누워 있는 동작만으로도 등 부위의 긴장된 근육을 이완시키고, 굽어져 있는 상체를 펴질 수 있도록 바른 자세를 유지시킵니다.

　　폼롤러 운동은 자신의 체중을 이용하여 작은 신체 움직임으로도 긴장된 부위를 풀어주는 마사지 효과를 줍니다. 폼롤러 위에 누워 있을 때, 손과 발을 이용하여 균형을 유지하도록 합니다. 또한, 자신의 어느 부위가 긴장되어 있는지 혹은 이완되는지를 생각하는 뇌의 활동의 노력이 필요합니다.

　　노인운동에서 마사지는 매우 중요한 운동요법이라고 할 수 있습니다. 마사지요법은 신경계와 근육계를 자극하여 신체를 안정시킬 뿐 아니라 정신적인 안정감을 줍니다. 또한 혈액의 흐름을 촉진시켜 몸을 따뜻하게 하여 신진대사가 활발하게 합니다. 심신을 편안하게 하는 조용한 음악을 틀어 주는 것도 좋습니다.

　　노인운동에서 건강한 노후생활을 위해 하지근력을 유지하고 강화시키는 것이 필요합니다. 탄성을 가진 튜빙밴드는 노인에게 알맞은 저항운동을 안전하고 편하게 할 수 있도록 합니다. 또한 낙상으로 골절되기 쉬운 고관절 주위의 근육의 활성화와 근력을 강화시킵니다.

　　튜빙밴드를 이용한 노인운동은 누워서 수행하기 때문에 척추의 부하를 줄이고 바른 자세를 유지할 수 있도록 합니다. 올바르게 동작을 수행할 수 있도록 노력하는 것이 안전하게 일상생활을 지속하는데 도움을 줍니다.

　　수년 전 짐볼의 바운스 운동을 도입하면서 얻은 교훈은 즐거움의 운동이었습니다. 짐볼의 바운스 운동은 사람들의 입꼬리를 올라가게 하고 큰소리로 웃게 합니다. 혹여 바닥에 뒹구는 사람이라도 생기면 교육장은 금새 웃음바다로 변합니다. 근엄한 표정의 중년 남자조차도 볼 위에 앉으면 웃음을 짓는 답니다.

　　운동보다 좋은 것이 웃음이라고 합니다. 하물며 웃음을 주는 운동은 얼마나 좋겠습니까? 노인을 위한 운동이 보다 즐겁고 재미있게 발전하길 기대합니다.

동영상으로 배우는
7080 골드 필라테스

짐볼을 이용한 파트너 7080 골드 필라테스

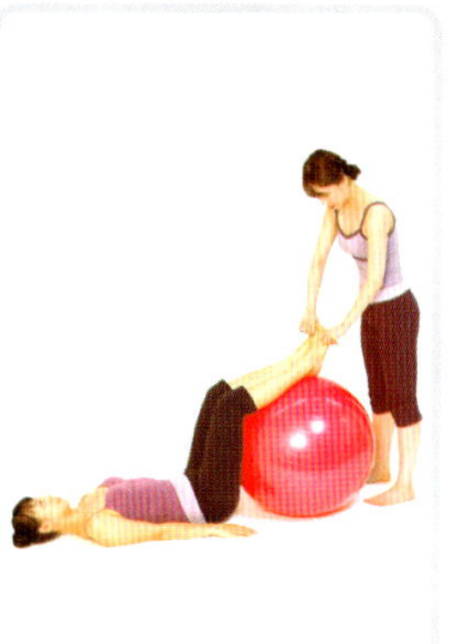

01 바운스

M 수행자 짐볼 위에 기본 앉은 자세를 취합니다.(157페이지 참조)

A 어시스트 두 손을 M의 어깨 위에 가볍게 올리고, M이 중심을 잃지 않도록 뒤에서 보조합니다.

M 수행자 두 손을 허리 위에 올리고 준비자세를 취합니다. 몸이 수직으로 움직이도록 제자리에서 짐볼을 16번 굴려 바운스합니다.

초기의 파트너의 도움은 점진적으로 신체안정성을 개선하고 노인 혼자 짐볼운동을 할 수 있도록 자신감을 주어 성공적인 운동을 수행하게 합니다. 이 때, 안전하게 운동을 할 수 있도록 템포와 강도를 적당히 조절하도록 합니다.

짐볼을 벽에 지지하면 혼자도 안전하게 앉아 운동을 할 수 있습니다. 그러나 균형성이 낮은 70대 이상의 노인 운동에서는 파트너의 도움을 받는 것이 바람직합니다.

M 짐볼 위에 기본 앉은 자세를 취합니다.

수행자

A 두 손을 M의 어깨 위에 가볍게 올리고, M이 중심을 잃지 않도록 뒤에서 보조합니다.

어시스트

M 준비자세를 취합니다. 몸이 수직으로 움직이도록 바운스를 하면서 위 아래로 박수를 칩니다.

수행자

구령에 맞추어 힘차게 박수를 치면 모든 스트레스가 날아가 버립니다. 팔꿈치를 펴고 이 동작을 할 수 있도록 격려하면 어깨관절을 보다 효과적으로 움직이는데 도움을 줄 것입니다.

팔을 머리 위로 들어 올리는 간단한 동작은 어깨를 기능적으로 움직일 수 있는지를 알아 볼 수 있는 척도 중의 하나입니다. '하나, 둘, …' 다 같이 리듬에 맞춰 횟수를 함께 외치면 뇌를 자극하여 치매를 예방합니다.

03 어깨돌리기

 **M** 짐볼 위에 기본 앉은 자세를 취하고, 두 손을 어깨 위에 올립니다.

수행자

 **A** M이 중심을 잃지 않도록 뒤에서 보조하며, 동작을 같이 합니다.

어시스트

 **M** 준비자세를 취하고, 몸이 수직으로 움직이도록 바운스를 하면서 어깨를 8번 돌립니다.

수행자

 **M** 그리고 반대 방향으로 돌립니다.

수행자

 **Tip** 팔꿈치 끝으로 원을 그린다는 기분으로 어깨를 돌립니다.

서로 둘러 앉아 손에 손을 잡고 어깨를 돌립니다. 손을 꼬~옥
잡고 어깨를 돌리면, 바닥으로 넘어지는 안전사고를 미연에
방지할 수 있습니다. 교육현장에 두툼한 카펫이나 매트를 깔
아 놓아 안전한 교육환경을 마련하도록 합니다.
이러한 효과는 서로간의 믿음을 형성하고, 혼자가 아닌 여럿
이 함께 한다는 의미를 부여하며, 노인에게 발생할 수 있는 고
독함을 줄일 수 있지 않을까 합니다.

04 옆찌르기

 짐볼 위에 기본 앉은 자세를 취합
니다.

수행자

 M이 중심을 잃지 않도록 뒤에서
보조하며, 동작을 같이 합니다.

어시스트

M 준비자세를 취합니다. 몸이 수직으로 움직이도
록 바운스를 하면서 두 손을 좌우로 찌릅니다.

수행자

 팔을 쭉 편다는 기분으로 동작을
합니다.

두 팔을 옆으로 펴는 동작 역시 어깨 움직임과 몸통 비틀
기를 함으로써 보다 신체의 움직임이 자연스럽게 합니다.
구령에 맞추어 좌우로 힘차게 팔을 뻗도록 합니다.

무 릎을 펴고 다리를 어깨 넓이보다 넓게 벌려 앉습니다. 두 팔은 어깨 넓이만큼 벌려 두 손을 짐볼 위에 올려놓습니다.

Inhale
들숨

척추를 펴고 바르게 앉아 준비자세를 취합니다.

Exhale
날숨

짐볼을 앞으로 밀면서 상체를 숙이고 반대편에서는 짐볼을 당기면서 상태를 뒤로 젖힙니다.

 **Tip** 하체가 움직이지 않도록 합니다.

Tip 호흡에 관해서는 152~155페이지 참조

'슬근슬근 톱질하세, 은 나와라 금 나와라, 은 도 싫다 금도 싫다~' 라는 노래를 운동전문가가 선창하면 따라 외치도록 합니다. 또한 참여자가 돌아가며 한 구절의 노랫말을 만들어 부르게 하고, 함께 따라 외치도록 합니다.

이 운동을 함으로써 즐거운 마음과 노래가 스트레스를 풀어 줍니다. 또한 허벅지 뒤쪽과 등 상부 근육을 이완시켜 혈액순환을 개선시킵니다. 이러한 운동이 정신적, 신체적 안정감을 주는 좋은 운동이 아닐까요?

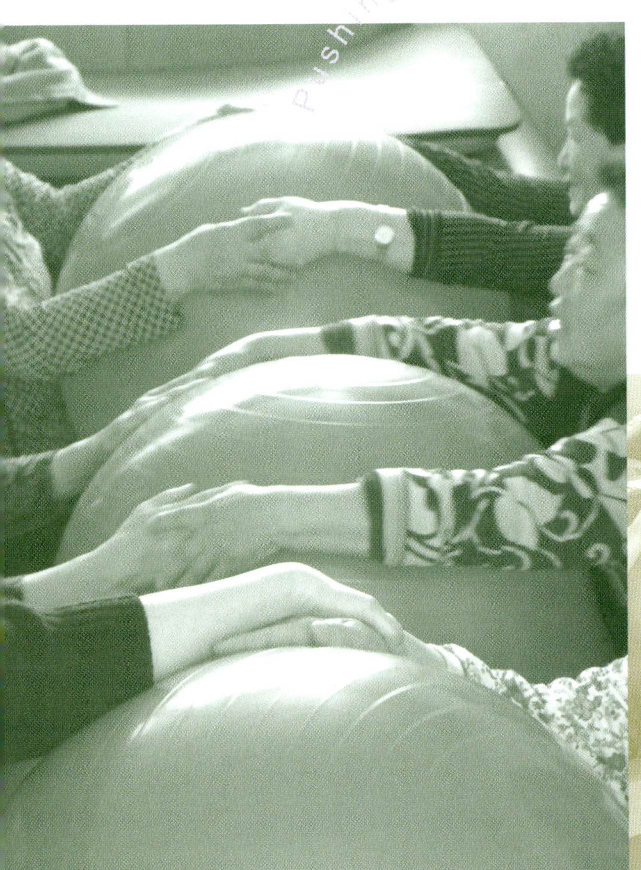

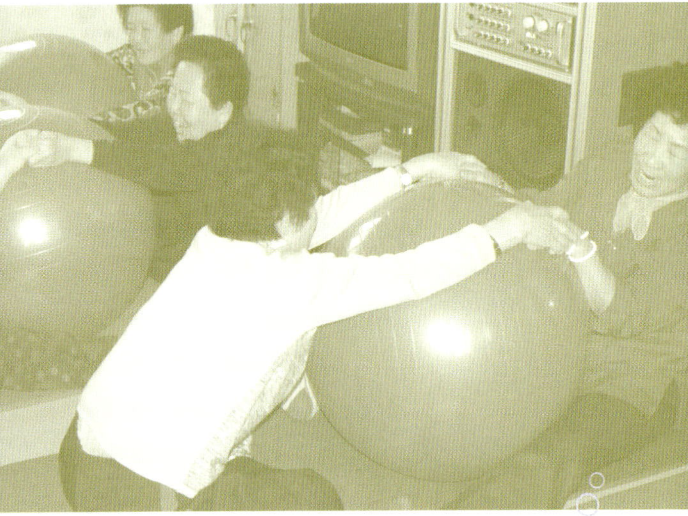

짐볼에 앉아하는 유산소운동이 끝나면, 바닥에 내려 앉아 파트너를 마주 보고 볼을 흥부전에 나오는 '박' 이라고 생각하고 톱질을 합니다. 파트너의 손을 꼭 잡고 상체를 앞뒤로 밀고 당깁니다.

06 왔다리갔다리

무릎을 펴고 다리를 어깨 넓이보다 넓게 벌려 앉습니다. 두 팔은 어깨 넓이만큼 벌려 두 손을 짐볼 위에 올려놓습니다.

Inhale 척추를 펴고 바르게 앉아 준비자세를 취합니다.
들숨

Exhale 짐볼을 옆으로 굴려 옆구리를 늘립니다.

Tip 엉덩이가 바닥에서 떨어지지 않도록 합니다.

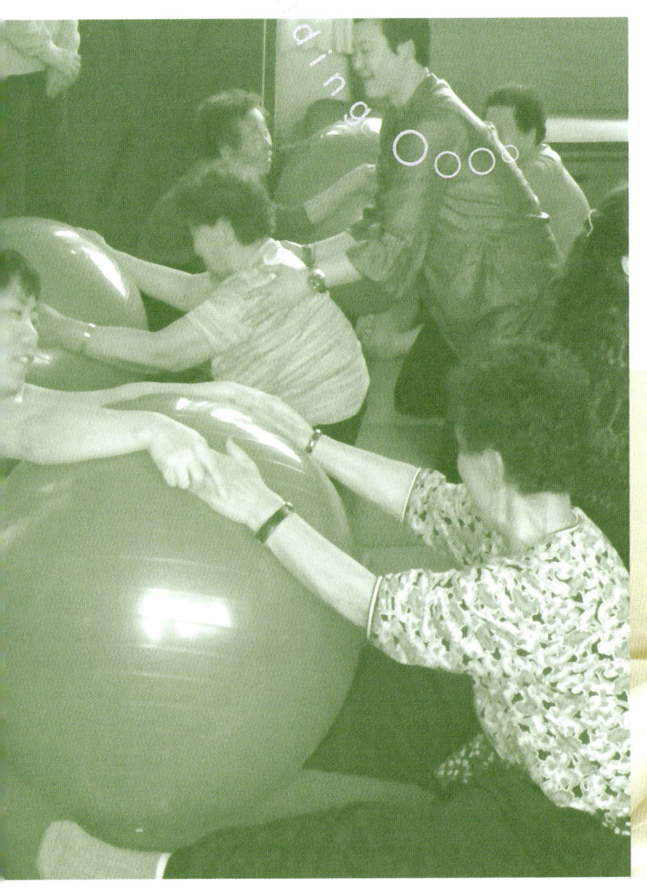

서로의 기운이 통하도록 손을 잡고 크게 웃습니다. 운동보다 좋은 것이 웃음이라고 합니다.

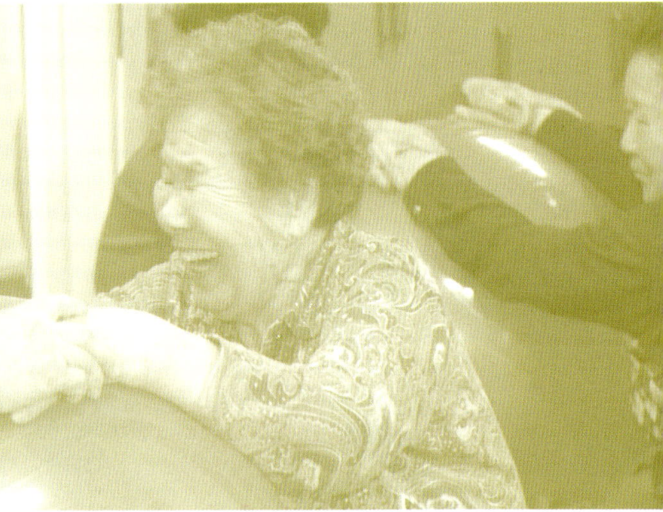

노인에게 옆구리를 늘리는 동작은 담경락을 자극하여 편두통이나 옆구리 결림, 다리 외측부 통증을 완화하는 효과가 있습니다. 파트너와 동작을 맞추어 좌우로 볼을 굴립니다. 좌우로 볼을 돌리면 재미가 곁들여져서 좀 더 재미있는 운동과 파트너와의 단결심을 엿볼 수 있습니다.

07 북치기

무릎을 펴고 다리를 어깨 넓이보다 넓게 벌려 앉습니다. 두 팔은 어깨 넓이만큼 벌려 두 손을 짐볼 위에 올려놓습니다.

한 명이 손을 엇갈리며 짐볼을 8번 힘차게 치고 멈춥니다. 상대방이 짐볼을 8번 칩니다. 그리고 8박자 동안 힘차고 빠르게 짐볼을 치고 동시에 멈춥니다.

90세의 할아버님이 힘차게 볼을 치고 있습니다. 즐겁게 동작을 할 수 있도록, 박자에 맞추어 박수를 쳐주면 노인운동의 교육 성취감을 높일 수 있습니다. "나도 안틀리고 잘하지"

볼을 두 손으로 박자에 맞춰 치는 동작이 어려울 수도 있다는 것을 현장 노인교육에서 알게 되었습니다. 북을 치듯이 힘차게 볼을 8번 치면, 파트너가 박자에 맞춰 동작을 따라 합니다.

08 발가락 자극하며 늘리기

기본 누운 자세를 취하고 두발을 짐볼 위에 올려놓습니다.
짐볼이 엉덩이에 밀착되도록 합니다.

M의 발가락을 하나씩 지긋이 돌리면서 잡아당깁니다.
모든 발가락을 하나씩 잡아당깁니다.

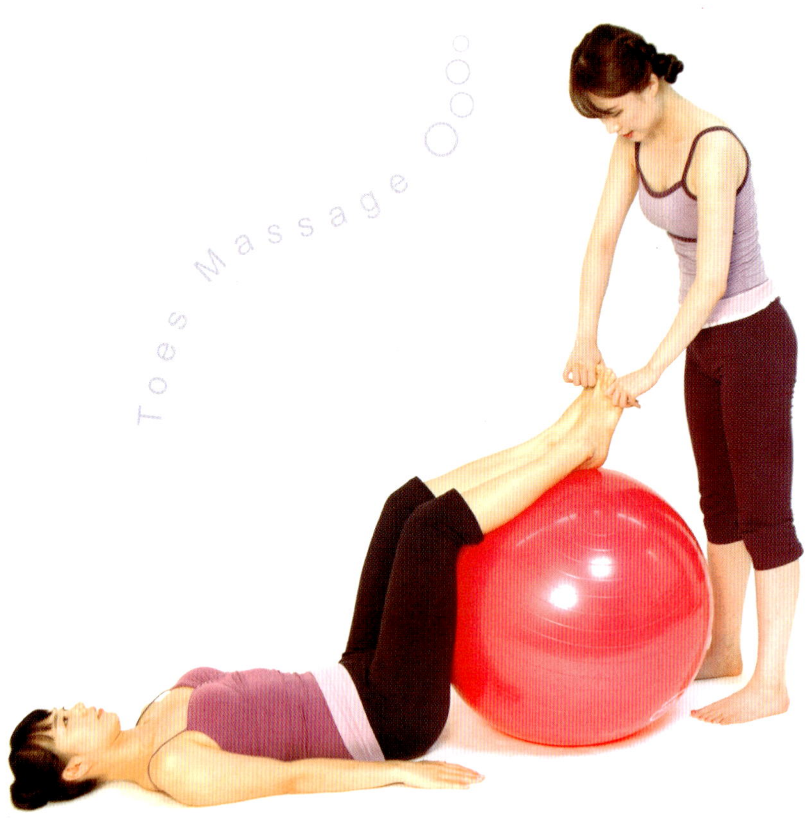

필라테스 기본 누운 자세

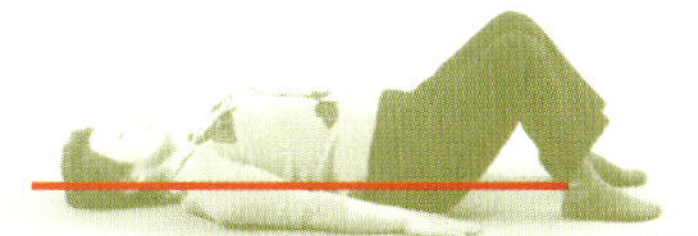

- 바닥에 등을 대고 누워서 양 쪽 무릎을 굽히고, 발을 골반 넓이만큼 벌립니다.
- 고관절, 무릎, 두 번째 발가락이 일직선상에 오도록 합니다.
- 턱을 가슴 쪽으로 약간 당기고 시선은 천장을 봅니다.
- 어깨를 뒤 쪽으로 약간 젖혀서 가슴을 펴 줍니다.
- 어깨가 귀에서부터 멀어진다는 느낌으로 어깨를 다리 쪽으로 내립니다.
- 팔은 골반 옆에 놓습니다.

필라테스 기본 선 자세

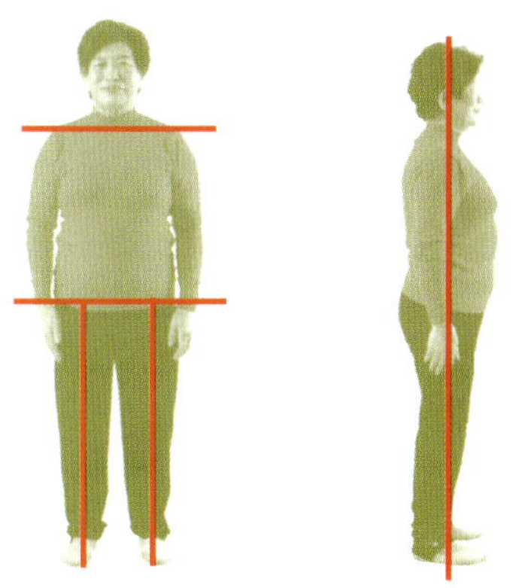

- 두 발을 골반 넓이만큼 벌리고, 발을 11자로 평행하게 합니다.
- 고관절, 무릎, 두 번째 발가락이 일직선상에 오도록 합니다.
- 턱과 바닥이 평행이 되도록 턱을 아래로 약간 당기고 시선은 정면을 봅니다.
- 어깨를 뒤 쪽으로 약간 젖혀서 가슴을 펴 줍니다.
- 어깨가 귀에서부터 멀어진다는 느낌으로 어깨를 아래로 내립니다.

필라테스 기본 앉은 자세

오랜 기간 동안 앉아 있어야 한다면, 자세를 바르게 유지할 수 있도록 자세유지근육(내외복사근, 복횡근, 척추기립근, 골반굴곡근, 골반저근)을 강화시켜나가도록 해야 합니다.

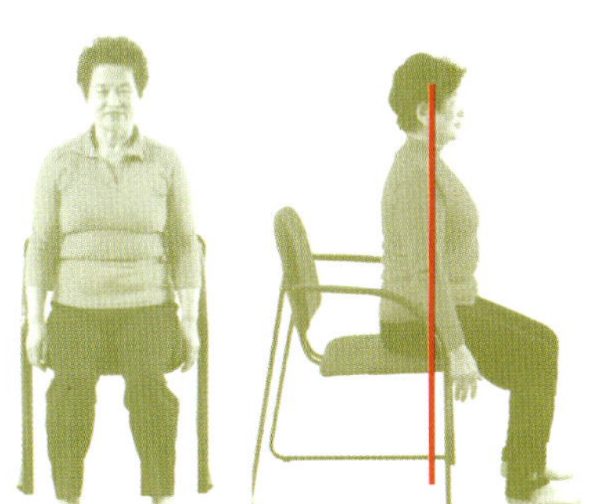

- 옆에서 보았을 때, 귀 뒤에 있는 돌출 된 뼈와 엉치뼈가 일직선상에 오도록 상체를 바르게 세워 줍니다.
- 고관절, 무릎, 두 번째 발가락이 일직선상에 오도록 합니다.
- 두 발을 골반 넓이만큼 벌리고, 발을 11자로 평행하게 합니다.
- 턱과 바닥이 평행이 되도록 턱을 아래로 약간 당기고 시선은 정면을 봅니다.
- 어깨를 뒤쪽으로 약간 젖혀서 가슴을 펴 줍니다.
- 어깨가 귀에서부터 멀어진다는 느낌으로 어깨를 아래로 내립니다.

09 엉덩이 들어올리기

M
수행자
기본 누운 자세를 취하고 두 발을 짐볼 위에 올려놓습니다.

A
어시스트
M의 발목을 잡아 엉덩이를 들 수 있도록 도와줍니다.

TiP 짐볼이 엉덩이에 밀착되도록 합니다.

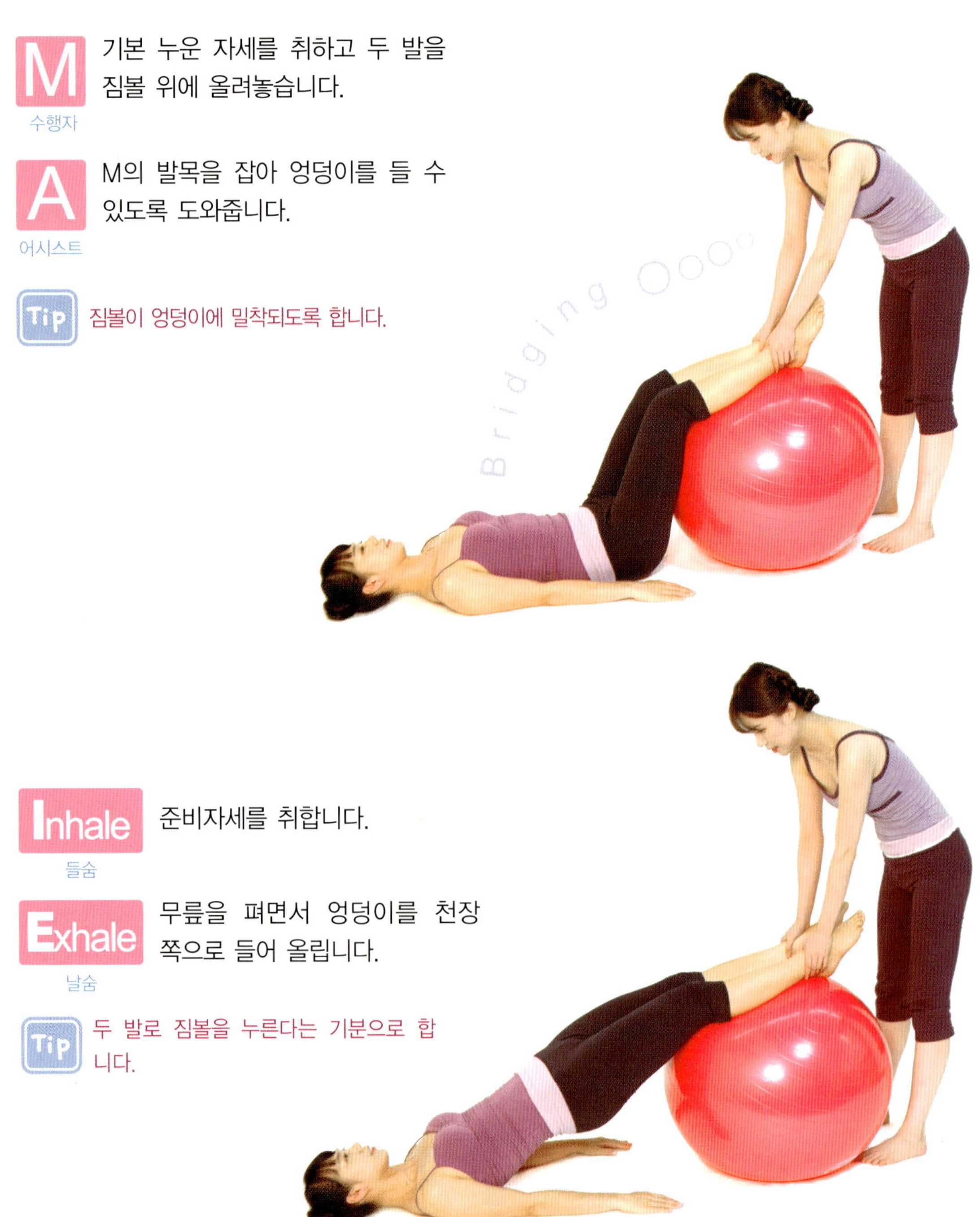

Inhale
들숨
준비자세를 취합니다.

Exhale
날숨
무릎을 펴면서 엉덩이를 천장 쪽으로 들어 올립니다.

TiP 두 발로 짐볼을 누른다는 기분으로 합니다.

볼을 벽에 두고 엉덩이 들어올리기 동작을 하면, 파트너의 도움이 없이도 안정된 상태를 유지하는데 도움을 받을 수 있습니다. 편안하게 누운 상태에서 엉덩이를 천천히 들어 올리도록 합니다.

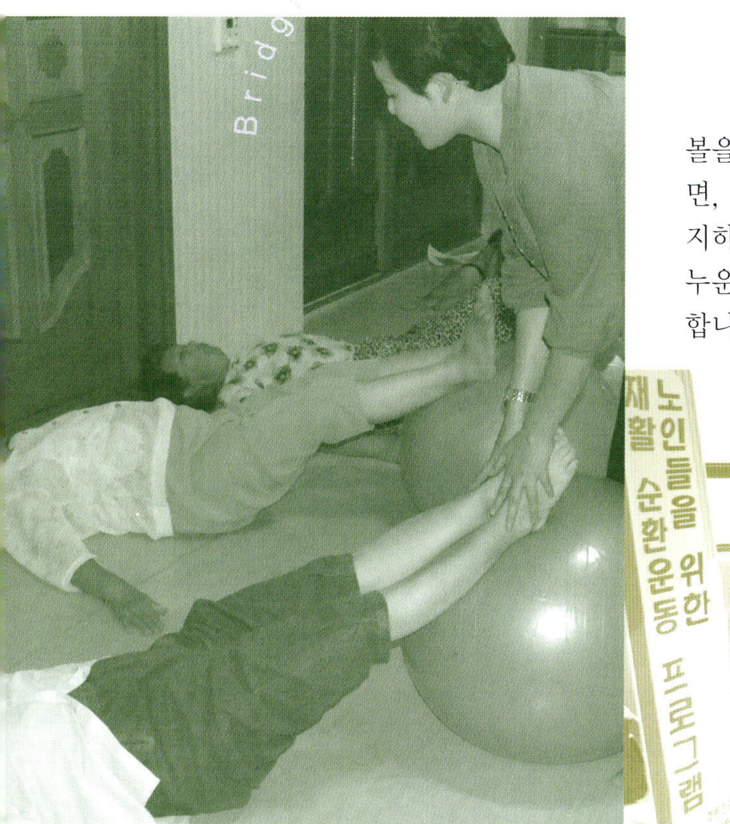

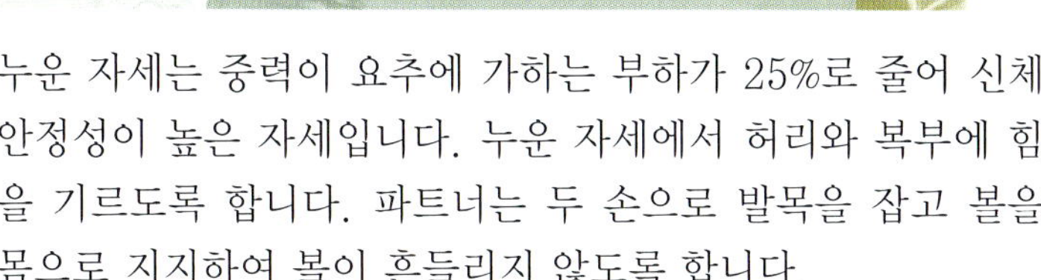

누운 자세는 중력이 요추에 가하는 부하가 25%로 줄어 신체 안정성이 높은 자세입니다. 누운 자세에서 허리와 복부에 힘을 기르도록 합니다. 파트너는 두 손으로 발목을 잡고 볼을 몸으로 지지하여 볼이 흔들리지 않도록 합니다.
여기에서 파트너의 역할은 운동동작을 정확하게 하도록 도움을 주어, 그냥 운동이 아니라 기능성운동으로 갈 수 있도록 해야 합니다. 이러한 운동의 효과는 척추를 곧게 펼 수 있게 하며, 둔부, 다리, 팔, 어깨의 근지구력을 향상시킬 수 있습니다.

10 왔다리갔다리(누운 자세)

M 수행자
기본 누운 자세를 취하고 두 발을 짐볼 위에 올려놓습니다.

A 어시스트
M의 발목을 잡아줍니다.

Tip 짐볼이 엉덩이에 밀착되도록 합니다.

Inhale 들숨
준비자세를 취합니다.

Exhale 날숨
볼을 옆으로 굴립니다.

Tip 상체가 움직이지 않도록 자세를 유지합니다.

볼 위에 다리를 올리면 자연스럽게 무릎이 굽혀집니다. 그 자세를 유지하고 볼을 좌우로 굴리면 편안하게 척추의 움직임을 향상시킵니다.
편안하게 누워 척추에 걸리는 부하를 1/4로 줄이면서 파트너와 함께 즐겁게 운동을 할 수 있는 기회를 마련합니다. 서로에게 필요한 사람이라고 느끼면서 말입니다.

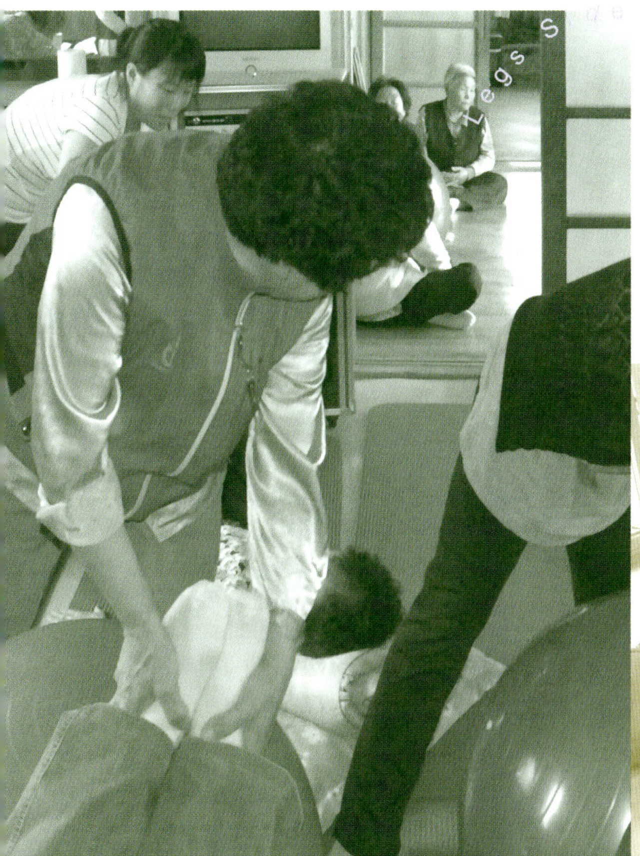

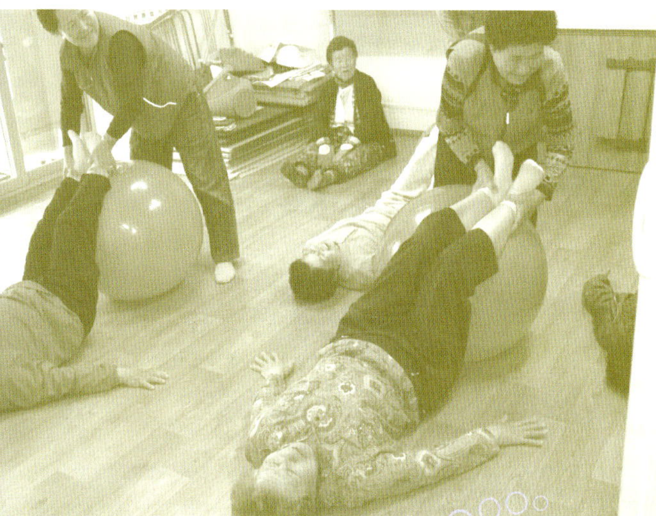

파트너가 볼을 좌우로 굴리면 척추를 자연스럽게 비틀게 합니다. 편안하게 취한 자세에서 왔다리갔다리 동작은 허리를 유연하게 하여 관절의 운동범위를 안전하게 늘릴 수 있어 허리의 유연성을 증가시킵니다.

11 누워 북치기

M (수행자) 기본 누운 자세를 취하고 두 발을
짐볼 위에 올려놓습니다.

A (어시스트) 짐볼이 구르지 않도록 두 손으로
짐볼을 잡아줍니다.

Tip 짐볼이 엉덩이에 밀착되도록 합니다.

Inhale (들숨) 준비자세를 취합니다.

Exhale (날숨) 뒤꿈치로 다듬이질을 하
듯이 짐볼을 8회 두드립
니다. 3번 반복합니다.

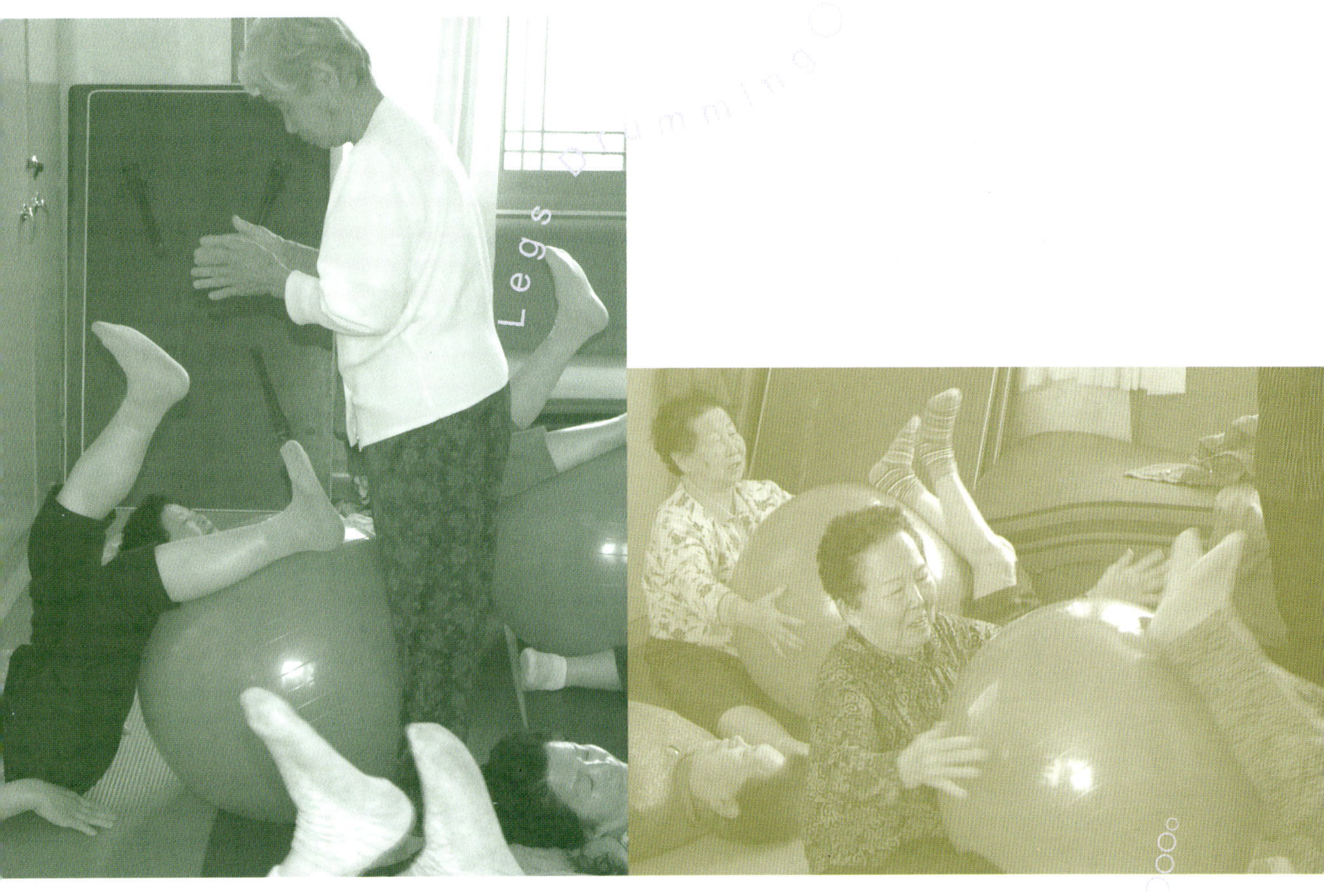

파트너는 앉거나 서서 볼을 잡아 볼이 도망가지 않도록 합니다. 때론 서서 몸으로 볼을 지지하고 박자에 맞춰 박수를 쳐줍니다. 서로가 한 몸이 되어 갑니다.

서로가 박자를 맞추어 숫자를 세면 뇌의 활동성을 향상시키고, 파트너와 동질감도 높입니다. 어쩌다가 박자를 놓치면, '틀렸어! 다시 박자에 맞춰' 라고 서로 코칭을 하는 진지함과 정확하게 동작을 하려는 집중하는 태도가 정말 아름답습니다. 그들이 앞으로 도전할 수 있는 용기를...

12 한 발로 서서 무릎 펴기

M 선 자세에서 A의 보조를 받아 한 발을
수행자 짐볼 위에 올리고 무릎을 구부립니다.

A M이 중심을 잃지 않고 동작을 수행할
어시스트 수 있도록 두 손으로 받쳐줍니다.

Inhale 준비자세를 취합니다.
들숨

Exhale 발로 볼을 지그시 누르면서 굴
날숨 려 다리를 핍니다.

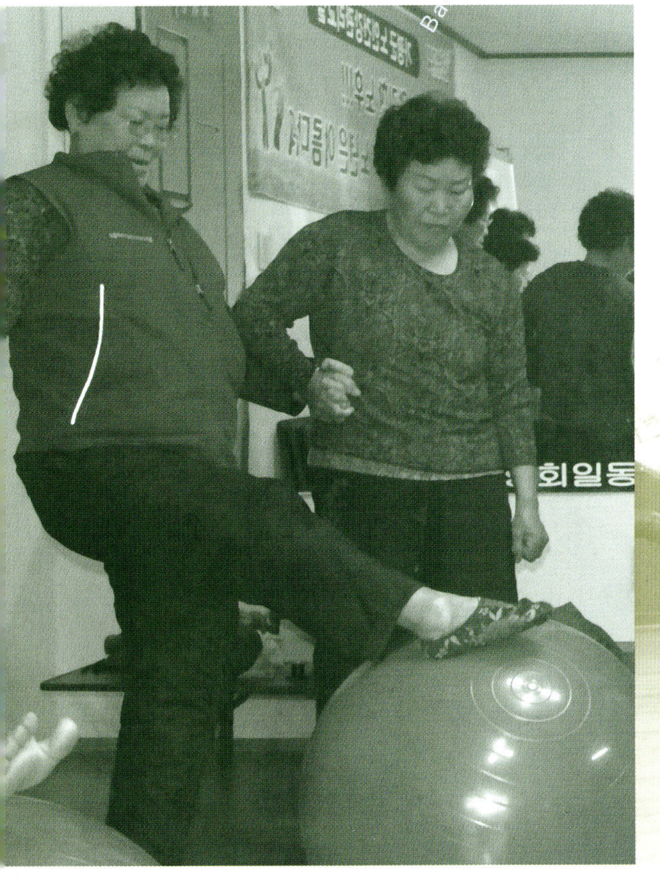

파트너의 도움이 없이 할 수 있다고 하더라도 벽을 이용하면 동작을 안전하게 할 수 있습니다. 볼 위에 발을 올리기가 어렵다면, 한 발을 들어 균형을 잡는 운동으로 대신할 수 있습니다.

노인이 한 발로 서 있는 것은 큰 도전이기에 파트너의 도움이 필요합니다. 균형을 잡은 상태에서 무릎을 펴고 구부립니다. 이 때, 바로 서서 신체를 지지하는 하체의 근력을 강화시킵니다.

이러한 움직임은 노인들이 일상생활에서 바로 활용될 수 있습니다. 하체근력과 동시에 균형성을 향상시키는 운동은 보다 나은 노인생활을 유지할 수 있게 합니다. 타인의 도움 없이 걸어 다닐 수 있기를 바란다면 말입니다.

02 Chapter

폼롤러를 이용한 파트너 7080 골드 필라테스

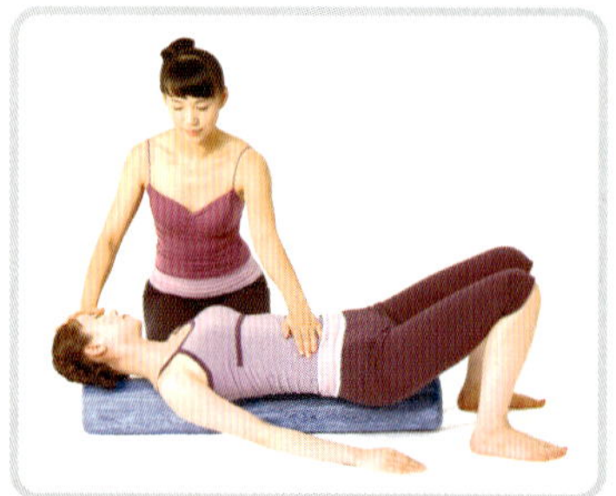

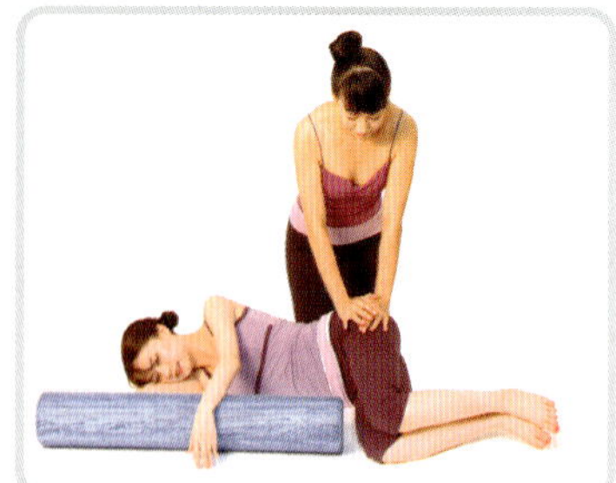

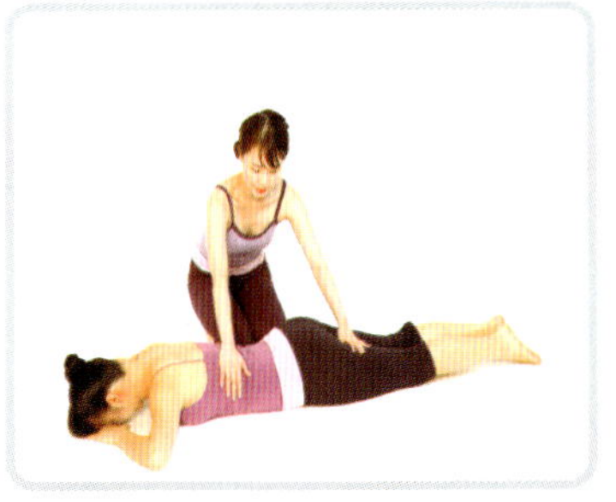  

01 꽈배기

M 수행자
폼롤러 위에서 누운 자세를 취합니다.

A 어시스트
손을 M의 이마와 배꼽 위에 올려놓고 두 손에 약간의 압을 줍니다. M이 몸통과 머리를 반대방향으로 천천히 틀 수 있도록 손으로 인도합니다.

Inhale 들숨
준비자세를 취합니다.

Exhale 날숨
몸통과 머리를 반대방향으로 틀 어줍니다.

폼롤러에 누우면 중력이 자세를 바르게 되도록
척추를 펴줍니다. 그러나 허리가 많이 굽은 노
인에게는 머리 뒤에 이불 혹은 방석을 이용하
여, 몸에 무리가 가지 않고 편안하게 동작을 할
수 있도록 파트너가 협력해야 합니다. 그리고
신체활동범위가 사람마다 다르다는 사실을 잊
지 않도록 합니다.

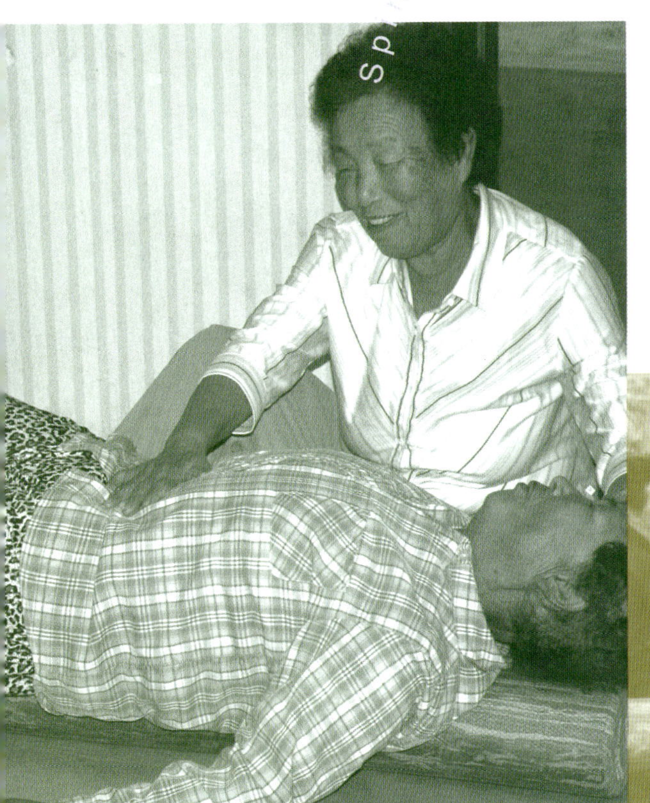

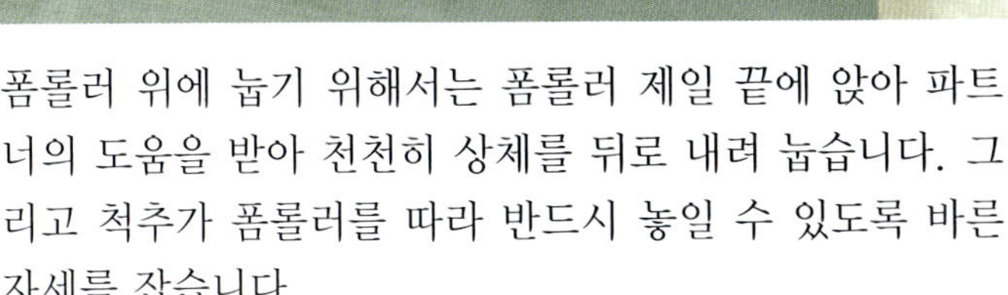

폼롤러 위에 눕기 위해서는 폼롤러 제일 끝에 앉아 파트
너의 도움을 받아 천천히 상체를 뒤로 내려 눕습니다. 그
리고 척추가 폼롤러를 따라 반드시 놓일 수 있도록 바른
자세를 잡습니다.
이 때, 파트너는 동작을 안전하게 할 수 있도록 도움을
주어야 하고, 정확한 동작을 할 수 있도록 지도하도록 합
니다.

02 엉덩이 들어올리기 Ⅰ

M
수행자

폼롤러 위에 누운 자세를 취합니다.

A
어시스트

M이 엉덩이를 위로 올리고 내릴 때, 골반이 한 쪽으로 내려앉지 않도록 두 손으로 인도합니다.

Inhale
들숨

준비자세를 취합니다.

Exhale
날숨

엉덩이를 천천히 천장으로 들어 올립니다.

◑ 건강한 척추

바른 자세와 유연성 증가

필라테스 운동요법은 척추와 척추 사이의 간격을 늘려주고, 척추를 유연하게 만들어 주며, 자세를 올바르게 개선시켜 신체를 보다 건강하게 합니다.

필라테스 운동요법은 골반을 바른 위치에 위치하도록 하고, 복부근육을 단련시켜 곧고 바르게 척추를 받쳐줄 수 있도록 하여 바른 자세를 만들어 줍니다. 이렇게 바른 자세를 만들게 되면, 키가 더 커지고, 척추 사이의 공간으로 인해 유연성 또한 향상시킬 수 있습니다.

필라테스 운동요법으로 근력과 유연성을 되찾은 척추는 바른 자세 유지는 물론 디스크나 여러 가지 척추질환을 예방할 수 있고, 노인들의 골다공증을 예방하는데 효과적입니다.

03 골반 누르기

 **M**
수행자

옆으로 누워 두 다리를 가슴 쪽으로 당겨줍니다. 이 때,
두 다리가 90°를 이루어야 허리에 부하를 줄일 수 있
습니다. 한손을 폼롤러 위에 살며시 올려놓습니다.

 **A**
어시스트

M의 내쉬는 숨에 맞추어 골반을 지그시 눌러줍니다.

➡ 들숨(코로 숨 들이마시기) _ Inhale

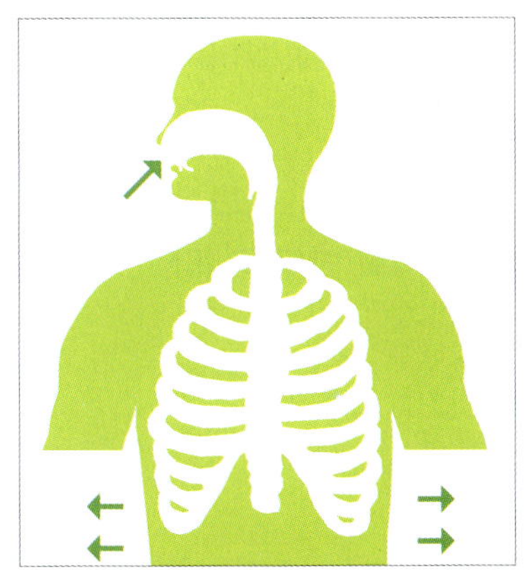

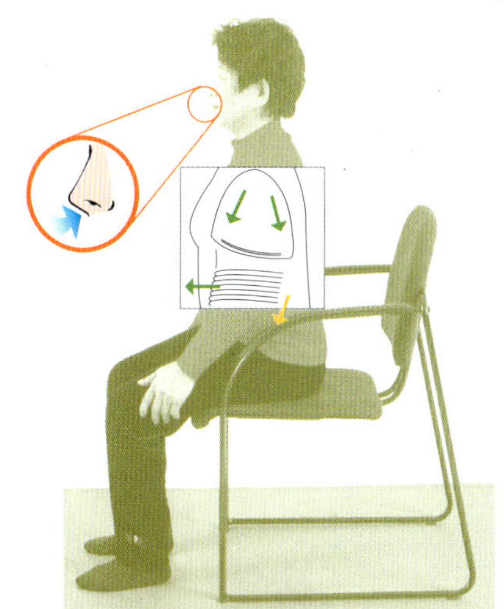

- 코로 숨을 마시면, 신체의 중심부인 복부의 긴장을 완화시켜, 횡격막의 하강을 순조롭게 합니다. 그로 인해 폐에 충분한 공기가 원활하게 유입됩니다.
- 몸통이 정면, 후면, 측면의 세 방향으로 넓게 부풀려 뒤 쪽 갈비뼈 하단을 옆으로 팽창시키고, 그로 인해 폐의 중간 부위까지 공기가 유입됩니다.
- 쇄골이 상승하고 어깨의 긴장이 풀리면서 폐 속의 상층부까지 공기가 유입됩니다.

➡ 날숨(입으로 숨 내쉬기) _ Exhale

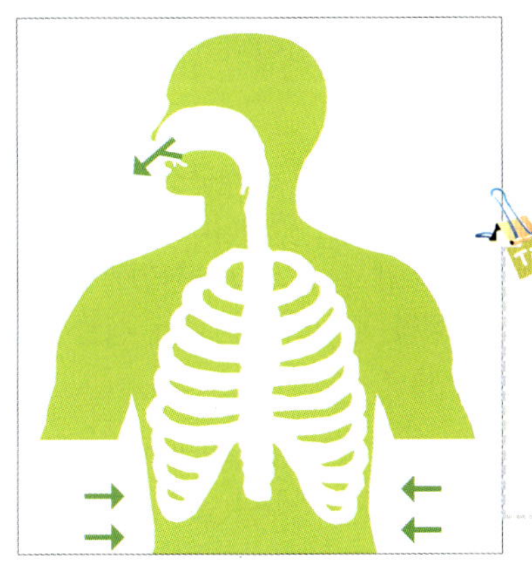

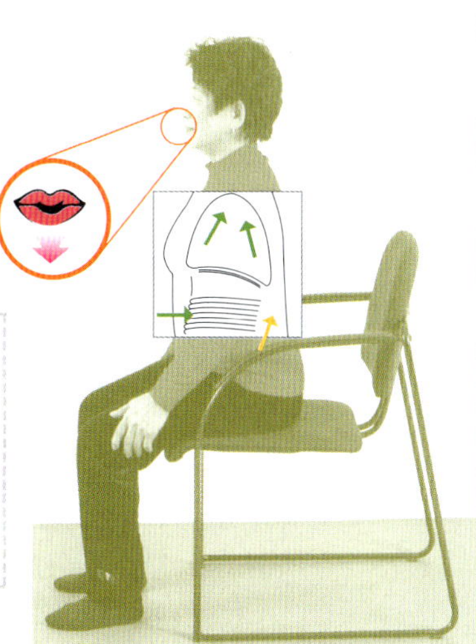

Tip
많은 사람들에게서 발견되는 실수로 복부근육의 과잉수축을 들 수 있습니다. 복부근육의 과잉수축은 횡경막의 하강을 방해하고 결과적으로 충분한 공기 유입을 방해하는 결과를 초래합니다.

날숨은 신체 해부학적인 측면에서 들숨과는 반대 순서로 진행됩니다.

- 쇄골이 하강합니다.
- 어깨가 약간 앞으로 이동하면서 흉곽의 긴장이 풀리고 늑골도 하강합니다. 그로 인해 세 방향으로 부풀어 졌던 흉곽이 다시 전체적으로 좁아집니다.
- 복부근육이 평평해 지면서 약간 수축하게 됩니다.

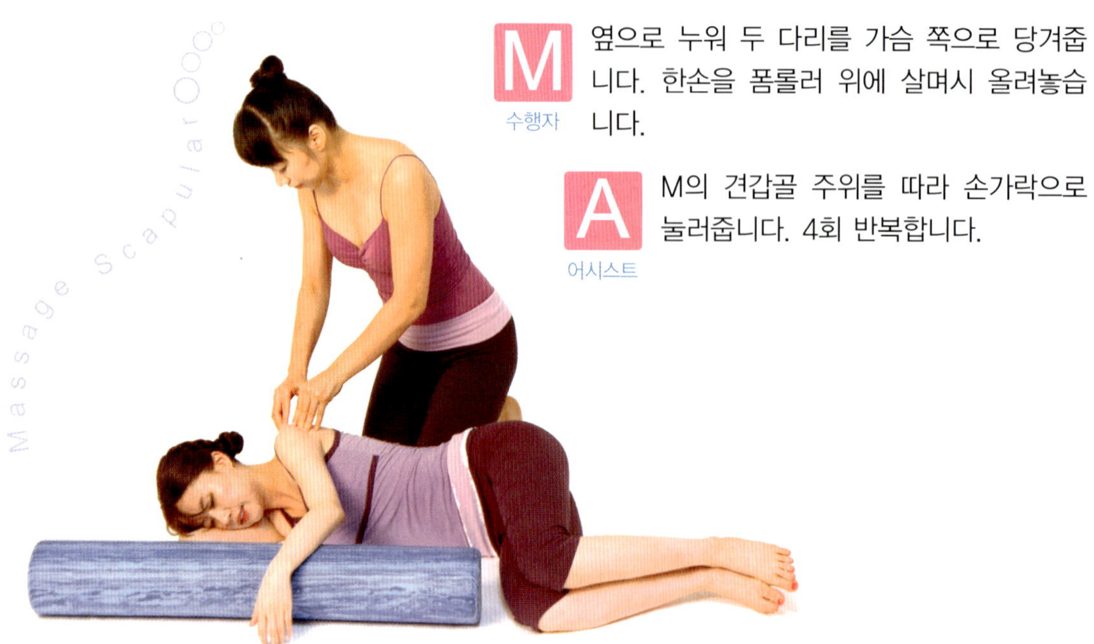

M 수행자
옆으로 누워 두 다리를 가슴 쪽으로 당겨줍니다. 한손을 폼롤러 위에 살며시 올려놓습니다.

A 어시스트
M의 견갑골 주위를 따라 손가락으로 눌러줍니다. 4회 반복합니다.

⊙ 어깨안정성 _ Shoulder Stability

어깨관절은 우리 몸 중에서 가장 운동 범위가 큰 관절입니다. 어깨관절은 단단한 골격구조가 아니라 여러 개의 근육들로 구성되어 있어 여러 방향으로 움직일 수 있는 장점을 가지고 있습니다. 만약 어깨관절이 불안정하다면, 어떤 형태로든지 어깨의 통증을 유발하는 병이 생기게 됩니다. 어깨관절에서 회전근육의 손상, 어깨관절 탈구, 견봉하 충돌 증후군, 유리체, 퇴행성 관절염, 류마티스 관절염, 상완 이두건의 파열, 관절낭의 파열, 오십견 같은 병들을 일으킬 수 있습니다.

어깨관절을 이루고 있는 뼈는 크게 3가지로, 견갑골(Scapuls), 쇄골(Clavicle), 상완골(Humerus)이며, 견갑골에 있는 움푹 파인 곳에 상완골의 둥그런 머리가 결합되어 있습니다. 그러나 상완골의 무게를 근육과 인대로만 지탱하고 있기에 항상 근육에 많은 무게가 걸려 있으며, 근육이 발달하지 않은 어린이들에겐 탈구가 많이 발생하기도 하고, 움직임을 담당하는 삼각근 등의 근육과 어깨의 안정성 자세를 유지하고 담당하는 회전근개 등의 근육 사이에 밸런스가 무너지면 어깨의 통증을 유발합니다.

어깨통증이 있는 분들의 경우 어깨와 날개뼈 주위를 따라 누르면 심하게 굳어 있는 것을 느낄 수 있습니다. 어깨와 날개뼈 주위를 천천히 주물러 줍니다. 파트너에게 심한 통증이 일어나지는 않는지 물어보도록 합니다.

서로의 어깨를 주물러 주면서 그날의 피로를 풀 수 있어 서로간의 친밀감을 형성시킨다. 또한 '누가 이렇게 주물러 주느냐?'고 반문하면서 서로를 아끼는 마음이 참 좋아 보입니다. 그날의 피로를 확 날려 보낸 것 같습니다.

　　견관절 운동 시, 관절의 안정성을 유지해 주는 회전근개(Rotator Cuff)는 어깨 표면의 삼각근 내부에 위치하고, 상완골 근위부에 부착되어, 어깨관절의 회전운동을 시켜주는 4가지 근육(극상근, 극하근, 견갑하근, 소원근)을 총칭합니다. 팔을 움직일 때, 견갑골을 안정적으로 고정하면 팔을 뻗거나 들어 올리는 동작이 한결 수월해 집니다.

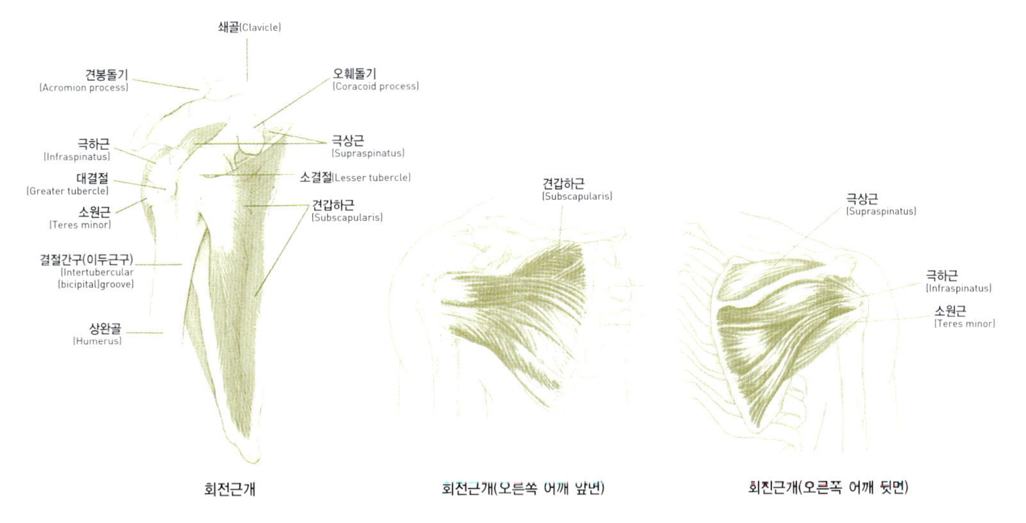

05 어깨 앞으로 밀기

M 수행자
옆으로 누워 두 다리를 가슴 쪽으로 당겨줍니다. 한 손을 폼롤러 위에 살며시 올려놓습니다.

A 어시스트
손을 M의 골반과 어깨 위에 각각 올려놓습니다.

Inhale 들숨
준비자세를 취합니다.

Exhale 날숨
폼롤러를 앞으로 굴리 듯 팔을 앞으로 밉니다.

A 어시스트
M이 어깨를 앞으로 밀 때, 골반이 움직이지 않도록 하고, 다시 어깨를 준비자세로 돌아 올 때, 팔꿈치가 구부려지지 않도록 지도합니다.

어깨가 귀 쪽에서 멀어진 상태를 유지하고, 상체를 앞으로 밀어냅니다. 이 때, 골반이 따라가지 않도록 하체를 고정할 수 있도록 파트너가 도움을 줍니다. 와우! 94세 할아버님이 너무나 열심히 하는 모습이 좋아 보입니다. 노인운동을 하는 동안 한번도 빠지지 않고 참여하셨던 할아버님. '왜 이렇게 잘 나오세요?' 라는 질문에 '몸이 개운해. 그냥 좋아' 라고 답변하셨답니다.

할아버님의 부인인 93세 할머님은 며칠 전 넘어져 골반을 다쳐 운동을 할 수가 없다며 '같이 하면 좋을 텐데' 라고 말씀하셨습니다. 보기가 너무 좋았던 할아버님과 할머님이 생각납니다.

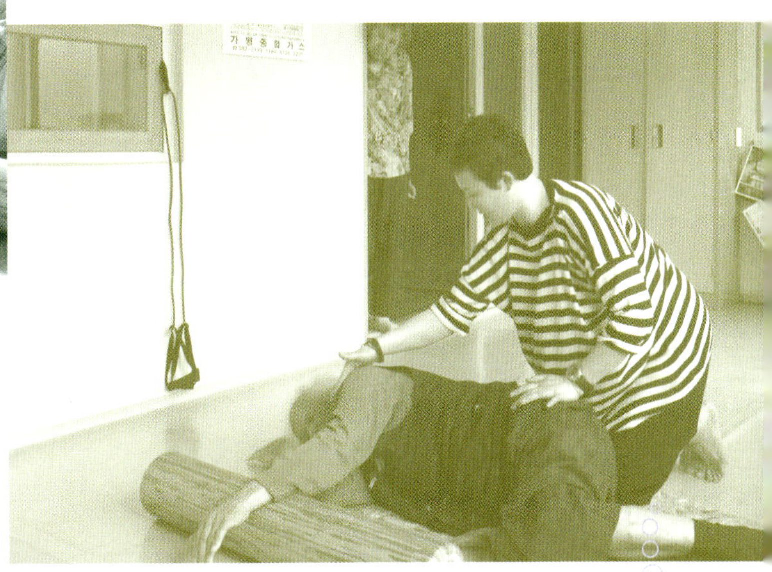

어깨는 인체에서 매우 복잡한 움직임이 일어나는 부위입니다. 어깨를 앞으로 밀고 뒤로 당기는 동작으로도 어깨의 뭉친 근육을 풀어주고 유연하게 하여 어깨의 통증을 완화시킬 수 있습니다.

06 엉덩이 들어올리기 Ⅱ

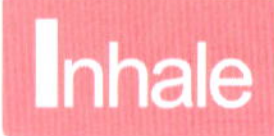 본 누운 자세를 취하고, 폼롤러를 무릎 사이에 끼웁니다.

Inhale
들숨

준비자세를 취하고 무릎으로 폼롤러를 지긋이 조입니다.

Exhale
날숨

폼롤러를 조이면서 엉덩이를 천천히 들어 올립니다.

Tip 기본자세는 156페이지 참조

키가 커진다는 상상을 하면서 엉덩이를 바닥에
서 들어 올립니다.

폼롤러를 무릎 사이에 두고 조입니다. 평소에 쉽게
비뚤어지는 골반이 바른 위치로 되돌아가는 효과
를 얻을 수 있습니다. 허벅지 안쪽 근육에 힘을 기
르면 오른쪽과 왼쪽 하지의 힘을 균형 있게 만들어
발걸음을 가볍게 합니다.

 **M** 누워있는 상태에서 천천히 몸을 옆으로 굴려 일으켜 앉습니다.
수행자

A M이 급하게 일어나지 않도록 머리 위에 손을 올려놓습니다.
어시스트

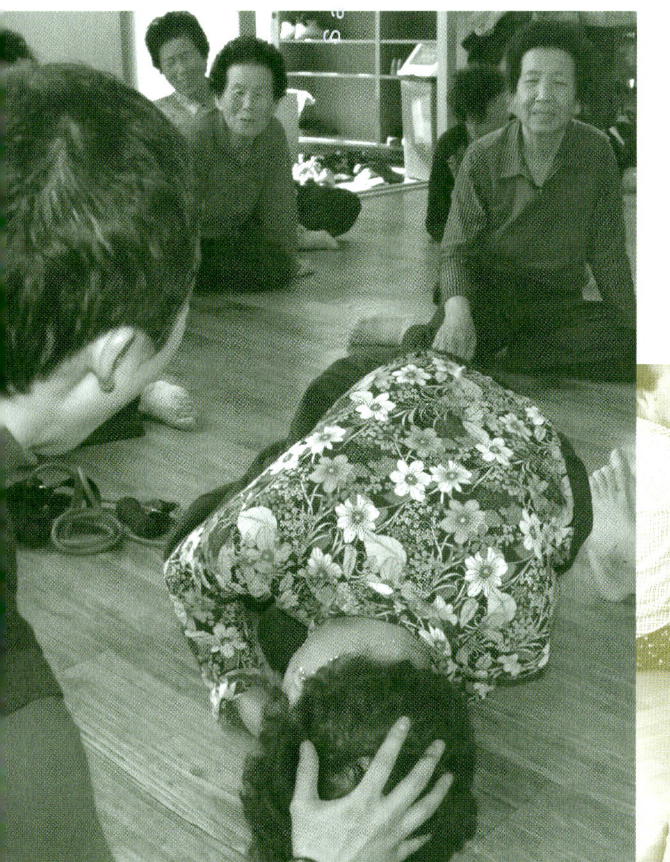

운동 후에 서로서로 어깨를 주물러 주고 등을 두드려 주면 자신의 파트너에 대한 신뢰감과 사랑하는 마음으로 서로 간의 친밀감을 향상시킵니다.

누워 있는 노인에게 '천천히 앉아보세요'라고 하면, 고개를 먼저 들어 올리는 습관을 쉽게 볼 수 있습니다. 머리를 받치고 경추에 무리를 적게 주는 옆으로 일어나 앉기를 반복해서 연습을 하도록 합니다. 누워서 갑자기 벌떡 일어나는 습관은 목과 허리에 많은 부하를 줍니다. 따라서 이 운동은 모든 관절에 걸리는 부하를 최소화한 상태에서 모든 신체근육들이 잘 협응하여 사용될 수 있도록 교육합니다.

03

마사지를 이용한 파트너 7080 골드 필라테스

 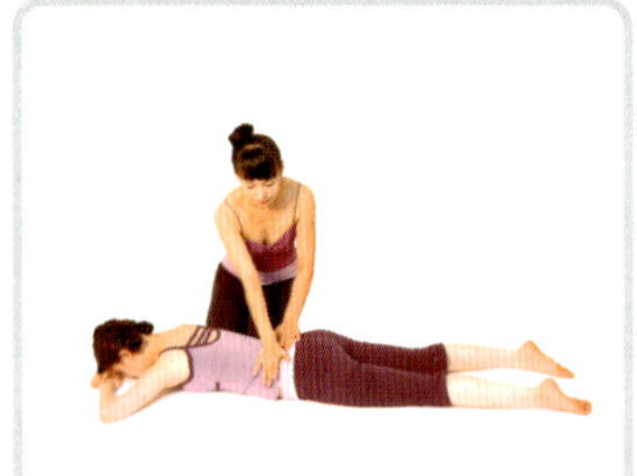 

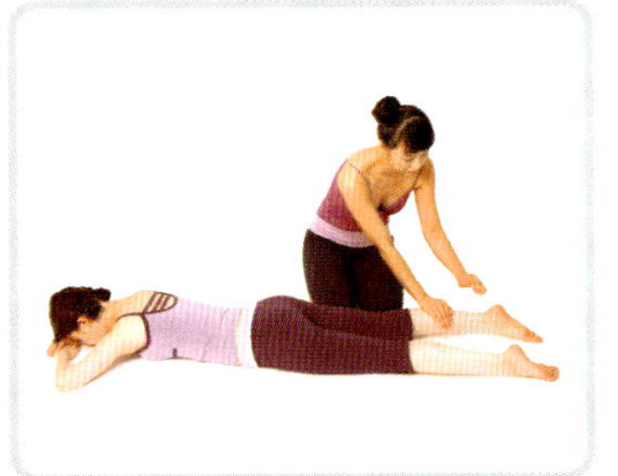

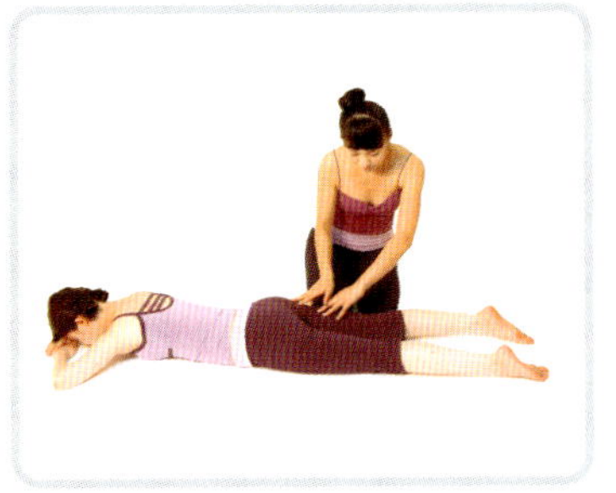
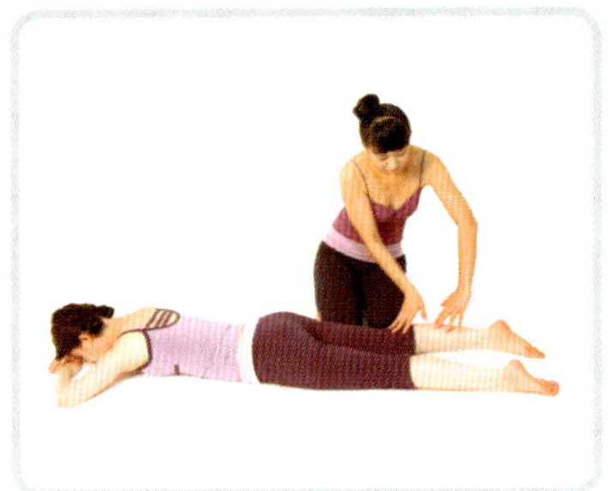

01 어깨 마사지

M 배를 바닥에 대고 편하게 눕습니다. 이 마는 손등 위에 가볍게 올려놓습니다.

A 두 손으로 M의 뭉친 어깨를 지그시 쥐고 풀기를 천천히 반복합니다.

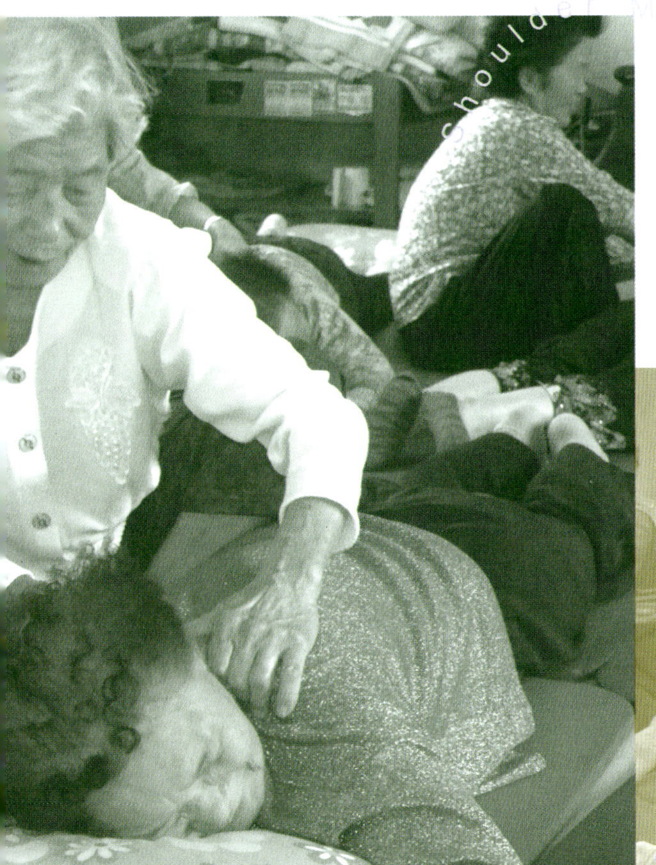

동그랗게 둘러 앉아 옆 사람의 어깨를 주물러 줍니다. 상체를 옆으로 돌려 상대의 어깨를 지긋이 주무릅니다.

베개를 대고 편히 누워 파트너가 해주는 어깨마사지를 받습니다. 정성을 들인 만큼 되돌아오는 서비스를 마음껏 즐기도록 합니다.

02 견갑골 누르고 돌리기

 **수행자** 배를 바닥에 대고 편하게 눕습니다. 이마는 손등 위에 가볍게 올려놓습니다.

 **어시스트** M의 한쪽 날개뼈 위에 두 손을 올려놓습니다. 두 손에 약간의 체중을 실어 한쪽 방향으로 4번 그리고 반대방향으로 4번 돌려줍니다. 반대편 날개뼈도 동일하게 돌려줍니다.

● 옆으로 누워 팔 돌리기 _ Side Lying Arm Circle

1 폼롤러를 베게삼아 옆으로 다리를 구부려 누워서 왼팔에 조그만 공을 들어 줍니다.

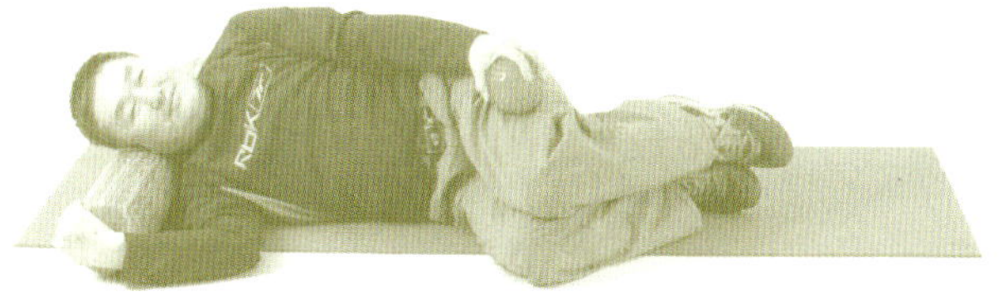

2 천장에 큰 원을 팔로 그린다고 상상하면서 팔을 크게 돌립니다. 이 때, 호흡을 편안하게 합니다.

옆으로 누워 한 팔을 천천히 돌리면 혼자 하는 어깨 마사지 효과를 얻을 수 있습니다. 통증을 유발하지 않는 관절의 활동범위에서 부드럽게 동작을 수행합니다.

03 척추 마사지

M 수행자 　배를 바닥에 대고 편하게 눕습니다. 이마는 손등 위에 가볍게 올려놓습니다.

A 어시스트 　M의 척추를 따라 등 상부에서부터 두 손을 서로 엇갈리면서 허리까지 문질러줍니다. 다시 척추를 따라 올라가며 문지르며, 4회 반복합니다.

척추를 따라 내려가면서 척추 사이를 지그시 누릅니다. 바닥에 매트를 깔아 놓고 누우면 보다 편안하게 파트너의 척추 마사지를 받을 수 있습니다.

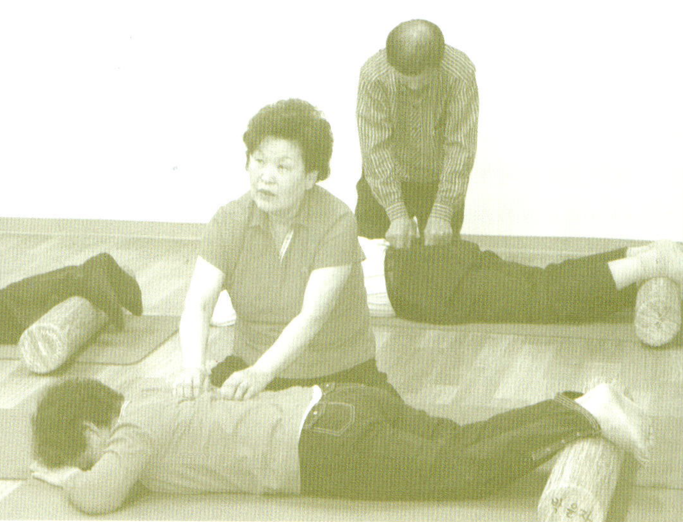

M 수행자
배를 바닥에 대고 편하게 눕습니다. 이마는 손등 위에 가볍게 올려놓습니다.

A 어시스트
두 손을 계란을 쥐듯이 살짝 오므리고 M의 등 상부에서부터 허리까지 리듬 있게 두드립니다.

‘통통통’ 손자의 등을 다독거리듯이 파트너의
등을 두드립니다. 경추부터 꼬리뼈까지 척추를
따라 다듬이질을 하고 파트너에게 넌지시 물어
봅니다. ‘시원합니까?’

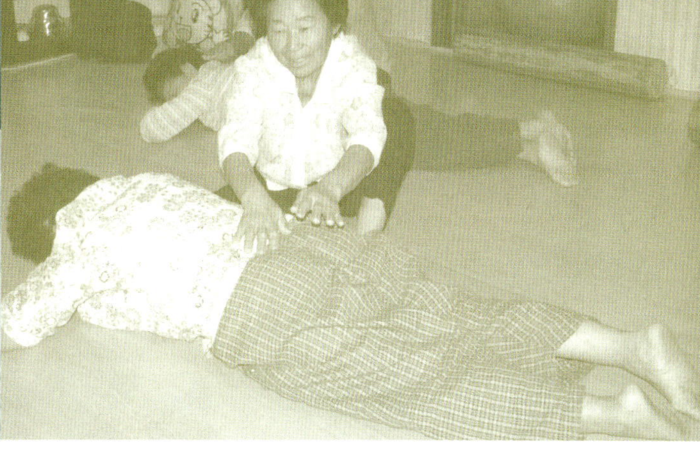

M 수행자 배를 바닥에 대고 편하게 눕습니다. 이마는 손등 위에 가볍게 올려놓습니다.

A 어시스트 두 손으로 M의 등 상부부터 허리까지 부드럽게 쓸어내립니다.

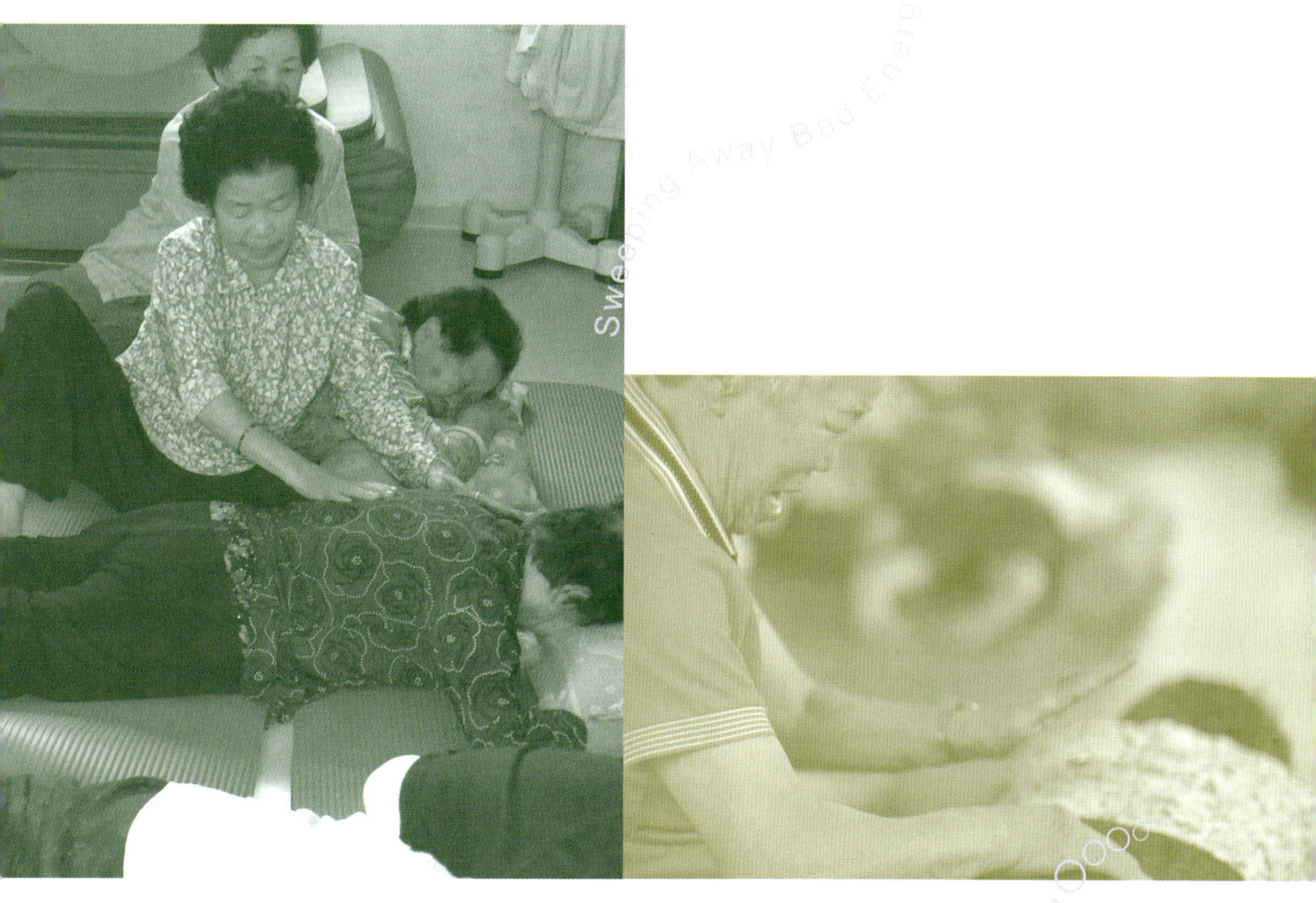

등 부위의 마사지가 끝나면 마지막으로 두 손으로 등을 쓸어내
립니다. 좋은 기운은 파트너에게 머물게 하고 나쁜 기운은 내다
버립니다. 손가락을 세워 들을 할퀴듯이 쓸어내리기도 합니다.

06 하체 마사지

M
수행자

배를 바닥에 대고 편하게 눕습니다. 이마는 손등 위에 가볍게 올려놓습니다.

A
어시스트

두 손으로 M의 엉덩이부터 발 바닥까지 쥐어 비틀면서 내려갑니다. 3회 반복합니다.

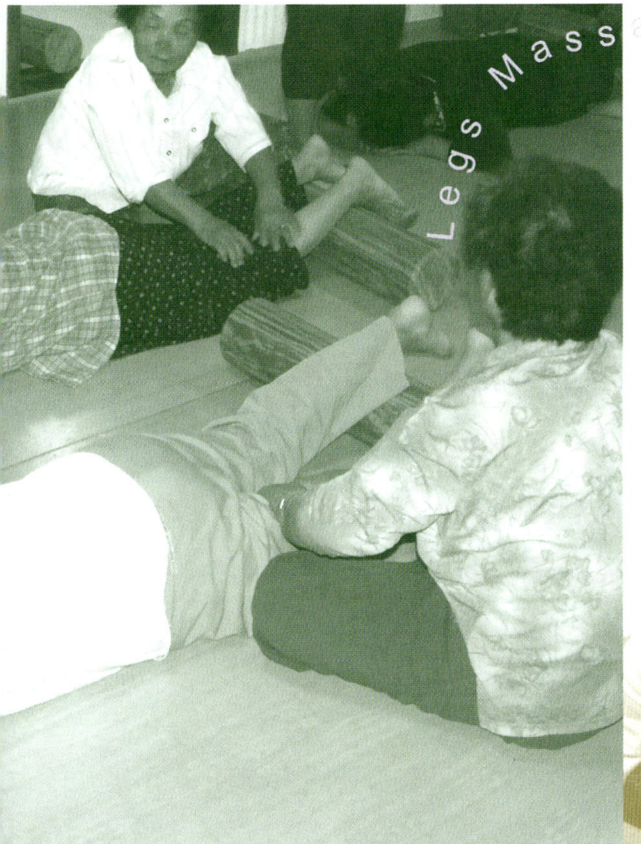

두 손으로 허벅지, 종아리, 발바닥을 차례대로 주무릅니다. 따뜻한 손길이 느껴지도록 정성스럽게 마사지를 해줍니다.

 **M** 배를 바닥에 대고 편하게 눕습니다. 이마는 손
등 위에 가볍게 올려놓습니다.

수행자

A 두 손을 계란을 쥐듯이 살짝 오므리고 M의 엉
덩이부터 발바닥까지 리듬 있게 두드립니다.

어시스트

파트너의 도움으로 근육을 깨우듯이 혼자서도 운동을 통해 근육을 깨울 수 있습니다. 다리로 볼을 두드리는 동작은 신체를 깨우는데 효과적입니다. 누워서 볼을 발로 두드리는 운동 역시 하체의 혈액순환을 향상시켜 혼자 하는 마사지효과를 얻을 수 있습니다.

08 발바닥 두드리기

배를 바닥에 대고 편하게 눕습니다. 이마는 손등 위에 가볍게 올려놓습니다.

M의 한 발을 들어 손으로 발 가운데를 힘차게 8회 두드립니다. 4회 반복하고 반대 발바닥도 동일하게 두드립니다.

⊙ 50번 발 박자 맞추기 _ Tap Foot

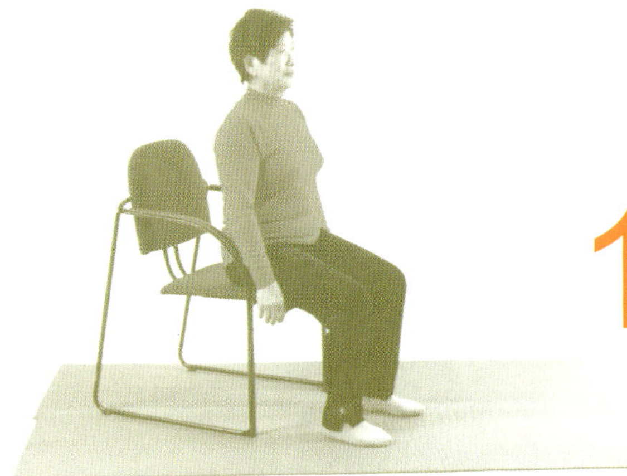

1 필라테스의 기본 앉는 자세를 취합니다.

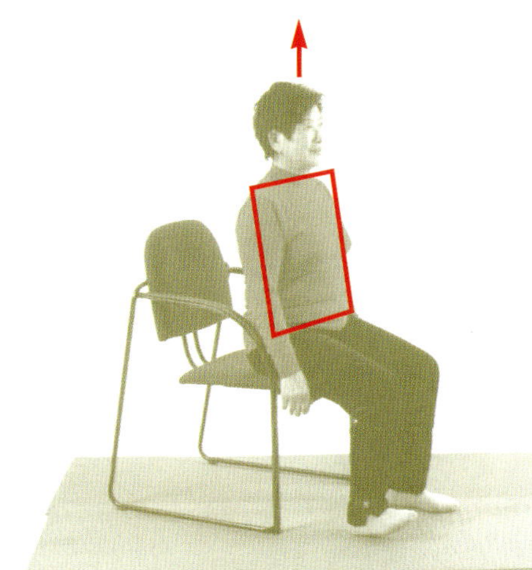

2 👃 💋 호흡을 하는 동안 머리끝을 천장 쪽으로 늘리면서 오른쪽 발부터 바닥을 50번 찹니다.

09 하체 기운 쓸어내리기

M 배를 바닥에 대고 편하게 눕습니다. 이마는 손등 위에 가볍게 올려놓습니다.

A 두 손으로 M의 엉덩이부터 발끝까지 부드럽게 쓸어내립니다.

하체 마사지가 끝나면, 파트너의 엉덩이부터 발끝까지 두 손으로 쓸어내립니다. 이 때, 좋은 기운은 머물고 나쁜 기운은 쓸어내 버려집니다.

튜빙밴드를 이용한 파트너
7080 골드 필라테스

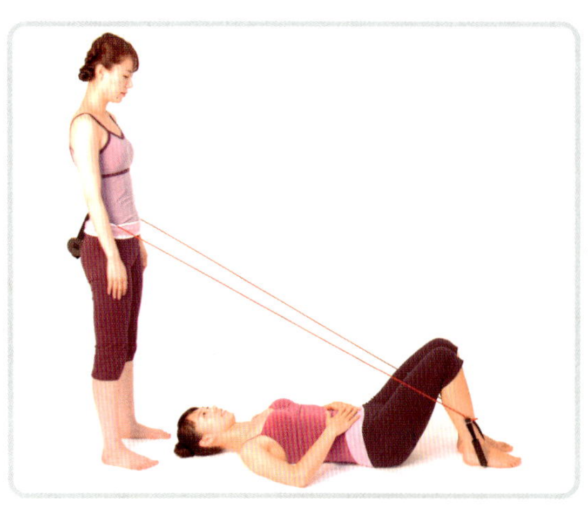
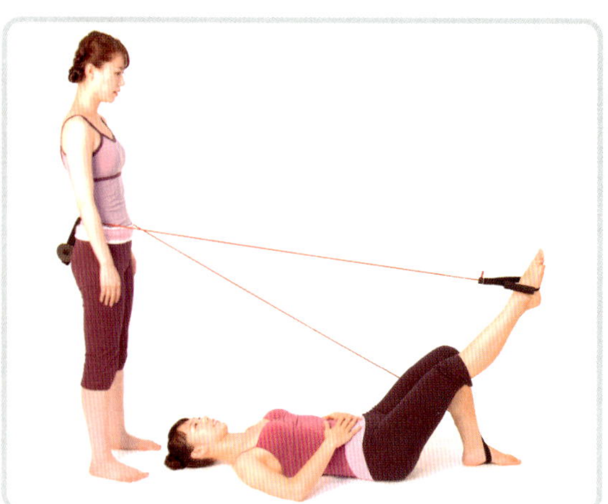

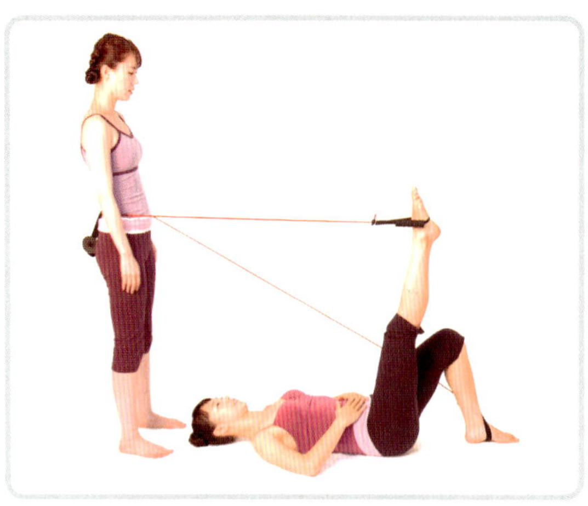
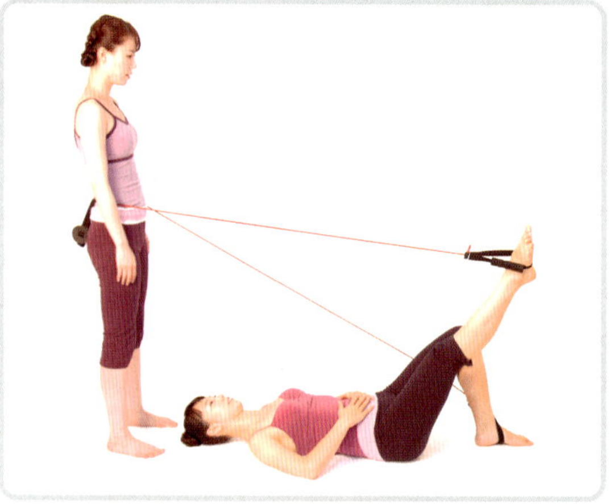

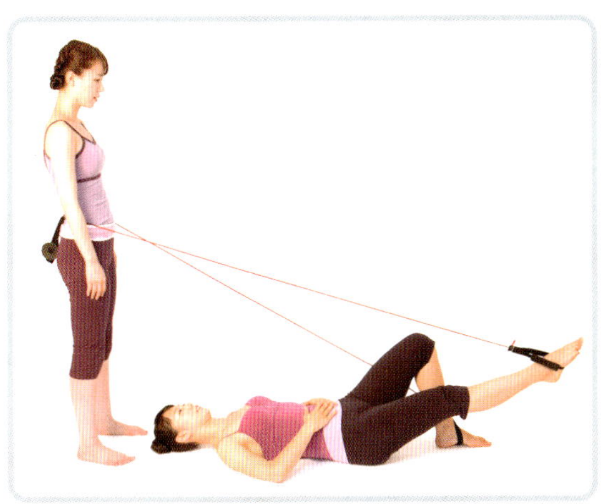

01 한 다리 내리고 올리기

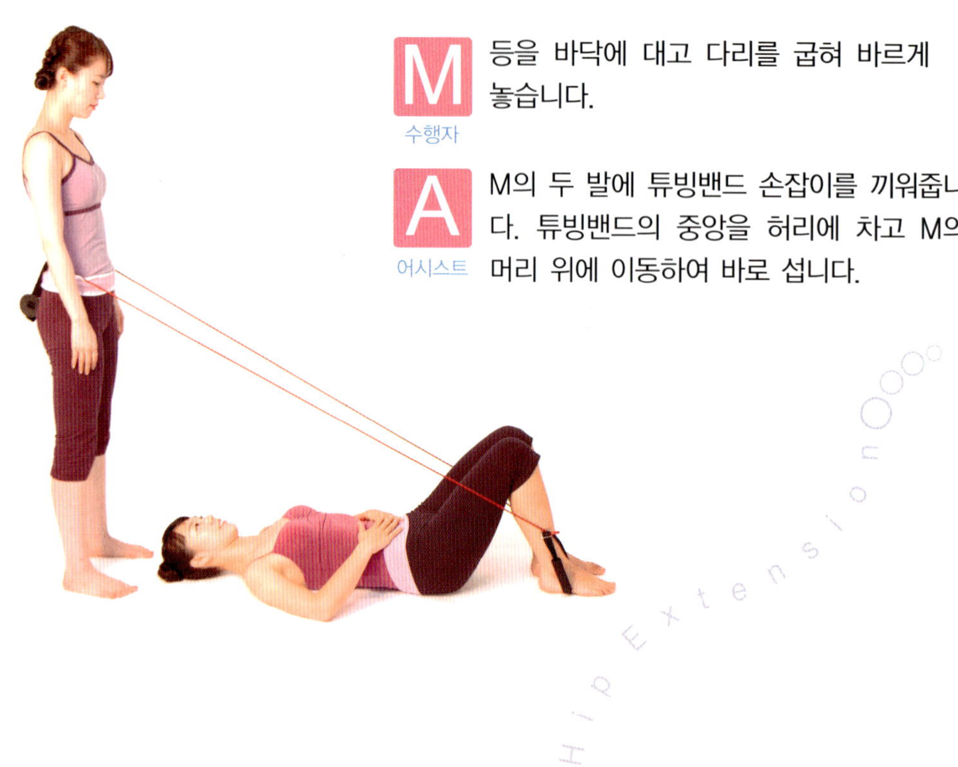

M 수행자 등을 바닥에 대고 다리를 굽혀 바르게 놓습니다.

A 어시스트 M의 두 발에 튜빙밴드 손잡이를 끼워줍니다. 튜빙밴드의 중앙을 허리에 차고 M의 머리 위에 이동하여 바로 섭니다.

M 수행자 한 쪽 다리는 무릎을 구부리고, 반대 다리는 무릎을 펴서 45°가 되도록 들어 올립니다.

Inhale 들숨 준비자세를 취합니다.

Exhale 날숨 들어 올린 다리를 바닥 쪽으로 내립니다.

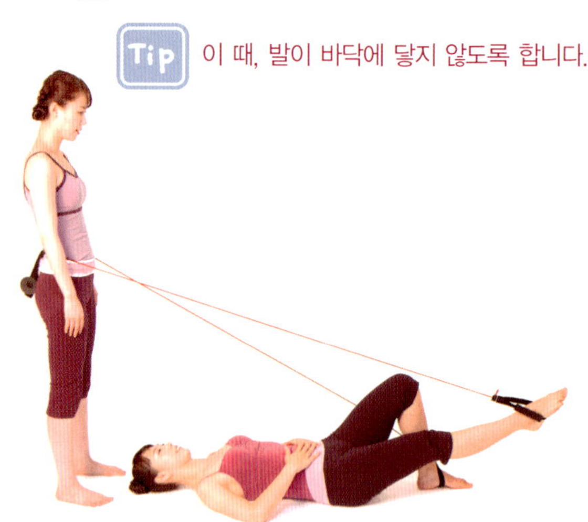

Tip 이 때, 발이 바닥에 닿지 않도록 합니다.

튜빙밴드의 끝 부분은 문 혹은 창틀에 고정할 수 있습니다. 이 때, 파트너는 운동범위를 조절해 주고 운동을 편안하고 기능적으로 할 수 있도록 도와줍니다.

허리를 보다 안정화시키기 위해서는 바닥에 놓인 다리의 무릎을 굽힌 자세에서 반대쪽 다리를 올리고 내리면 됩니다.

파트너는 튜빙밴드를 고정하는 역할뿐 아니라 운동을 바르고 정확하게 수행하고 있는지를 확인하고 수정해주는 역할을 합니다. 튜빙밴드는 한 다리를 올릴 때는 튜빙밴드가 도움을 줄 것이고, 발을 내릴 때에는 튜빙밴드의 저항을 주어 다리의 근력을 향상시킵니다.

02 한 다리 돌리기

A M의 두 발에 튜빙밴드 손잡이를 끼워줍니다. 튜빙밴드의 중앙을 허리에 차고 M의 머리 위에 이동하여 바로 섭니다.

어시스트

M 등을 바닥에 대고 바로 눕습니다. 한 쪽 다리는 무릎을 구부리고, 반대 다리는 무릎을 펴서 45°가 되도록 들어 올립니다.

수행자

Inhale 준비자세를 취합니다.

들숨

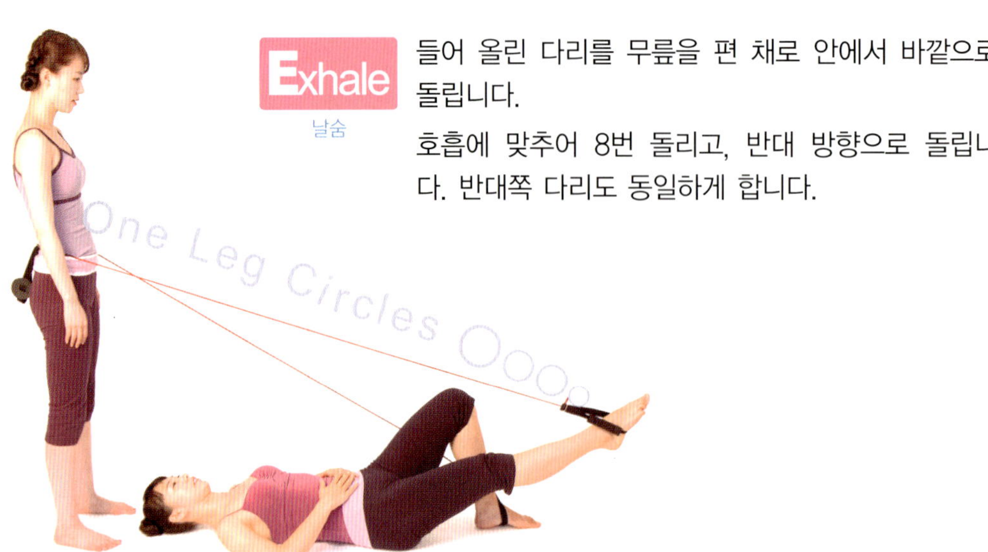

Exhale 들어 올린 다리를 무릎을 편 채로 안에서 바깥으로 돌립니다.

날숨

호흡에 맞추어 8번 돌리고, 반대 방향으로 돌립니다. 반대쪽 다리도 동일하게 합니다.

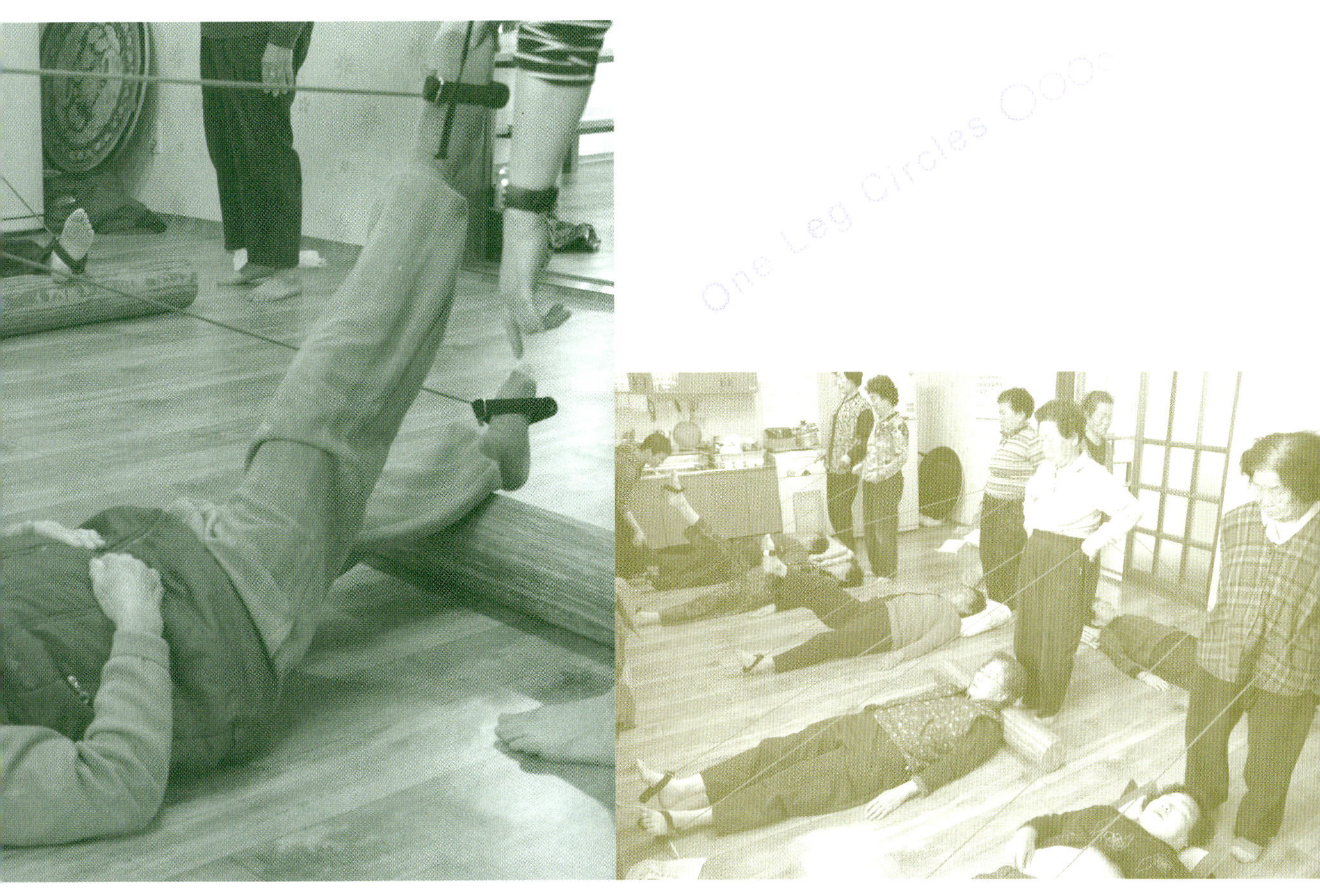

한 다리를 사선방향으로 유지한 상태에서 발끝으로 원을
그립니다. 이 때, 신체가 불안정할수록 원을 작게 그리도록
합니다. 이 운동은 고관절을 기능적으로 움직일 수 있도록
교육합니다.

03 자전거 타기

M 수행자 등을 바닥에 대고 바로 눕습니다.
한 쪽 다리는 무릎을 구부리고, 반대 다리는 무릎을 펴서 들어 올립니다.

A 어시스트 M의 두 발에 튜빙밴드 손잡이를 끼워줍니다. 튜빙밴드의 중앙을 허리에 차고 M의 머리 위에 이동하여 바로 섭니다.

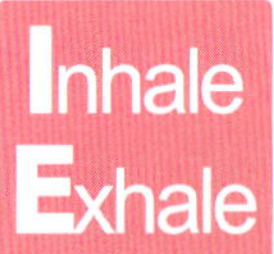

Inhale / Exhale 들숨 / 날숨 들어 올린 다리를 무릎을 편 채로 내리고, 무릎을 구부리고 무릎을 펴서 준비자세를 취합니다.

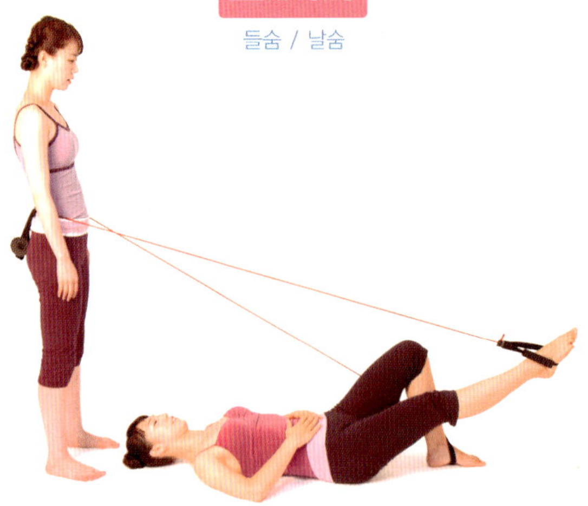

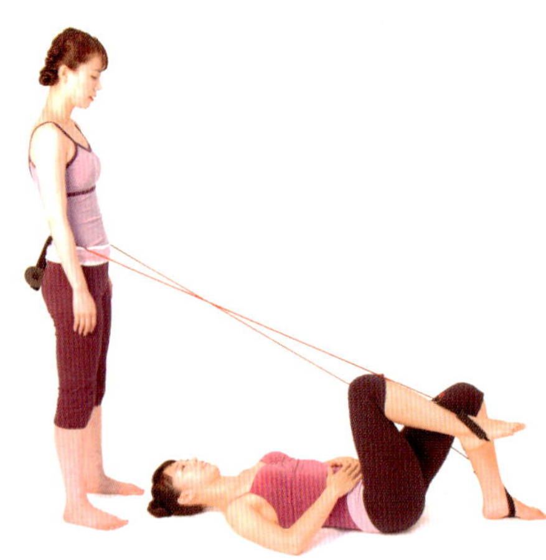

호흡에 맞추어 자전거 페달을 밟듯이 8번 합니다. 반대쪽 다리도 동일하게 합니다.

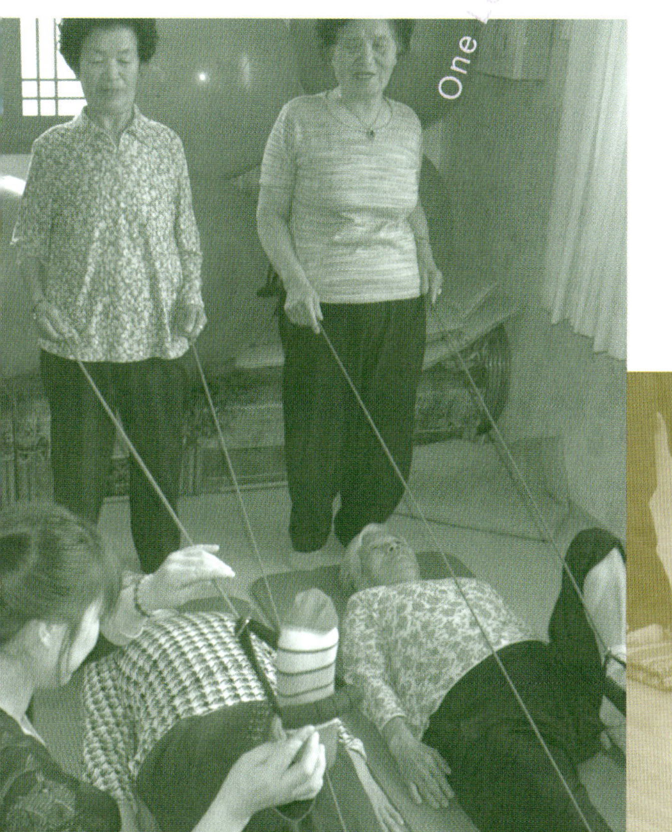

파트너가 머리 위쪽에서 수행자를 내려다보면 수행자의 동작에 어떠한 오류가 있는지 쉽게 알 아챌 수 있습니다. 올바르게 운동을 할 수 있도록 지도를 하는 것이 필요합니다.

무릎을 굽히고 펴는 동작을 반복하는 자전거 타기는 집중을 요하는 운동입니다. 낚시를 하듯이 발끝을 멀리 던진다는 상상으로 자전거 타기 동작을 수행하도록 합니다. 허리가 아픈 경우에는 바닥에 내려놓은 다리의 무릎을 굽혀 지지하면 허리를 편안하게 유지할 수 있습니다.

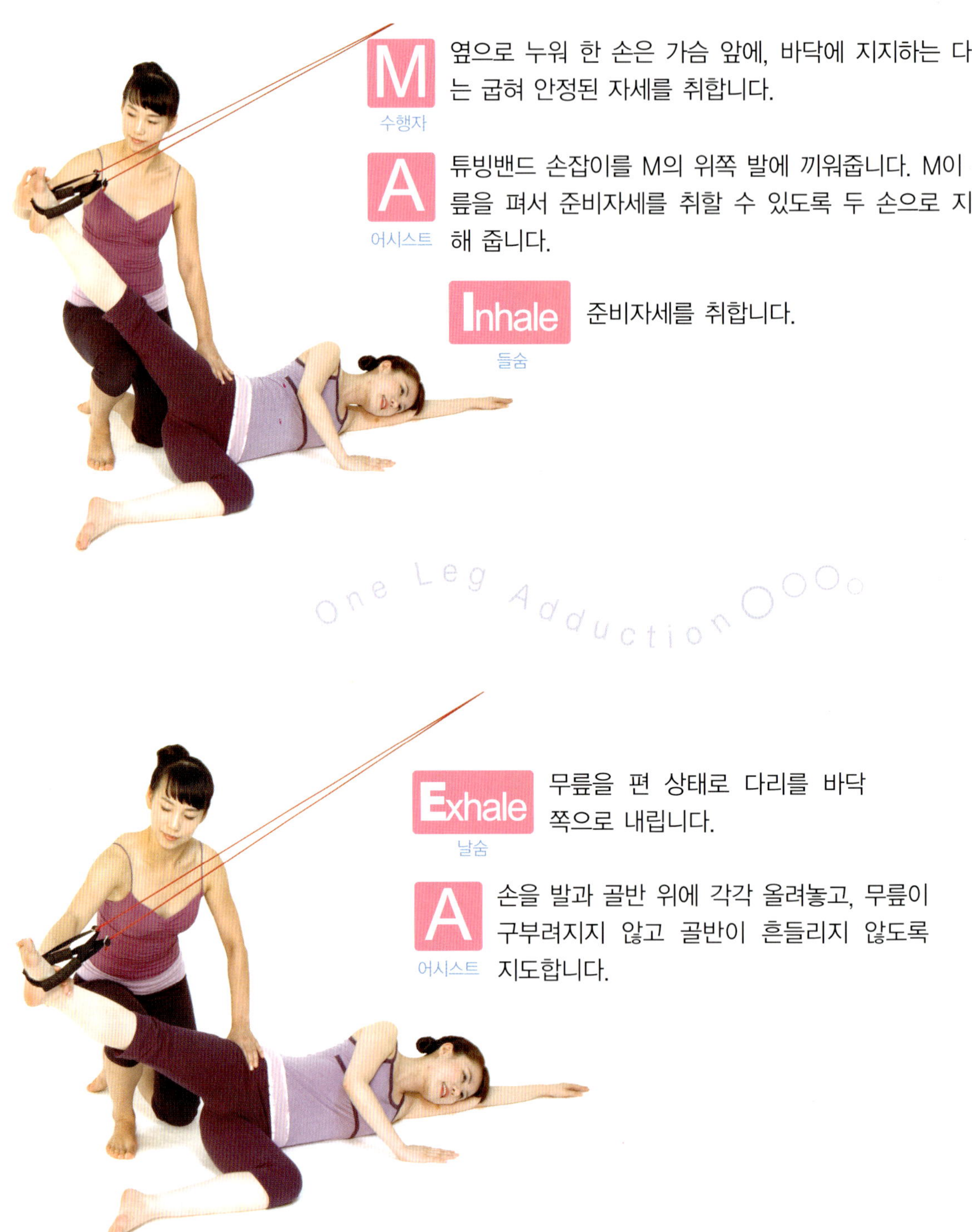

M 수행자
옆으로 누워 한 손은 가슴 앞에, 바닥에 지지하는 다리는 굽혀 안정된 자세를 취합니다.

A 어시스트
튜빙밴드 손잡이를 M의 위쪽 발에 끼워줍니다. M이 무릎을 펴서 준비자세를 취할 수 있도록 두 손으로 지지해 줍니다.

Inhale 들숨
준비자세를 취합니다.

Exhale 날숨
무릎을 편 상태로 다리를 바닥 쪽으로 내립니다.

A 어시스트
손을 발과 골반 위에 각각 올려놓고, 무릎이 구부려지지 않고 골반이 흔들리지 않도록 지도합니다.

◐ 옆으로 누워 한 쪽 다리 내리기 _ Side Leg Pull

1 필라테스의 기본 옆으로 누운 자세를 취하고, 왼팔은 펴서 귀 옆으로 가져가고, 오른쪽 팔은 가슴 앞의 매트를 짚어 신체를 지지합니다. 오른쪽 다리는 천장 쪽으로 들어 올립니다. 신체를 늘립니다.

2 다리를 아래로 내립니다. 1, 2 동작을 4회 반복 합니다.

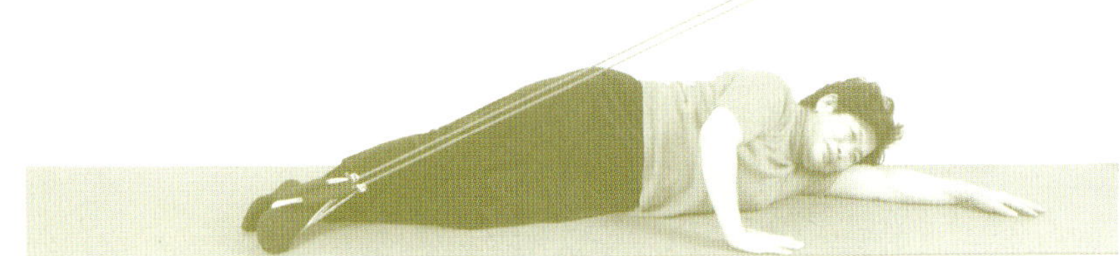

옆으로 누워 다리를 내리고 올리는 동작은 허벅지 안쪽 근육을 자극하여 강화시킵니다.

05 Chapter

레크레이션을 이용한
7080 골드 필라테스

서로 둘러 앉아 두 다리를 앞으로 폅니다. 서로 손을 잡은 상태에서 천천히 어깨를 돌립니다. 반대 방향으로 어깨를 돌립니다.

짐볼 뒤에 앉아 빙 둘러 모여 서로 손 잡고 어깨를 돌립니다. 파트너와 함께 같은 템포를 유지하고 어깨를 돌리면, 건너편의 파트너의 웃는 얼굴을 볼 수 있습니다. 서로의 손을 잡고 상대의 기운을 느낄 수 있도록 합니다.

02 박수치기

척추를 곧게 펴고 앉습니다. 두 다리는 앞으로 뻗어서 모아줍니다.
두 손으로 힘차게 박수를 칩니다.

Tip 손바닥에 있는 혈을 자극할 수 있도록 힘차게 박수를 칩니다.

시간이 날 때면 손뼉을 힘차게 치세요. 손 안에는 모든 장기와 연결된 혈이 있다고 합니다. 박자에 맞추어 10번을 힘차게 박수칩니다. 11번 박수를 치는 분이 나오면 현장에서 노래 벌칙을 줍니다. 즐겁게 어르신의 노래를 들을 수 있습니다.

서로 둘러 앉아 두 다리를 앞으로 폅니다. 상체를 오른쪽으로 틀어 상대방의 왼쪽 허벅지를 주물러 줍니다. 허벅지부터 발끝까지 따라 내려가며 주무르기를 3회 반복합니다.

상 체를 왼쪽으로 틀어 반대편의 허벅지를 동일하게 주물러 줍니다.

옆 사람의 허벅지를 주물러주면 왜 그렇게 말씀들이 많
으신지... 너무 손힘이 세다며 몸을 꿈틀거리고, 너무 간
지럽다며 까르륵 크게 웃기도 합니다. 몸은 남의 손이 만
져야 시원한 법. 파트너의 다리를 성성껏 주물러 주도록
합니다.

척추를 곧게 펴고 앉습니다. 두 다리는 앞으로 뻗어서 모아줍니다.

앞으로 걸어 나가듯이 두 팔을 흔들면서 리듬에 맞춰 무릎을 구부리고 펴줍니다.

'칙칙폭폭' 기차가 달리 듯이 리듬에 맞춰 제자리 걷기를
합니다. 두 팔을 힘차게 흔들면서 무릎을 굽히고 폅니다.
누가누가 빨리 힘차게 걷는지 …

척추를 곧게 펴고 앉습니다.

Inhale 두 손을 머리 위로 들어 올려 상
들숨 체를 뒤로 젖힙니다.

Exhale 상체를 앞으로 숙입니다.
날숨

서로 어깨동무를 하고 상체를 뒤로 젖히고 다시 앞으로
숙입니다. 건너편에 있는 파트너의 얼굴을 보면 웃음을
참을 수가 없습니다. 마음을 열면 어떠한 운동도 즐겁습
니다.

06 얼굴 쓰다듬기

척추를 곧게 펴고 앉습니다. 두 다리는 앞으로 뻗어서 모아줍니다.

두 손으로 얼굴부터 발끝까지 몸 전체를 쓰다듬어줍니다.

아 이를 쓰다듬듯이 "예쁘다" 혹은 "참 잘 했어요"라고 스스로에게 말하며 자신을 어루만집니다.

Lovely Rubbing Face

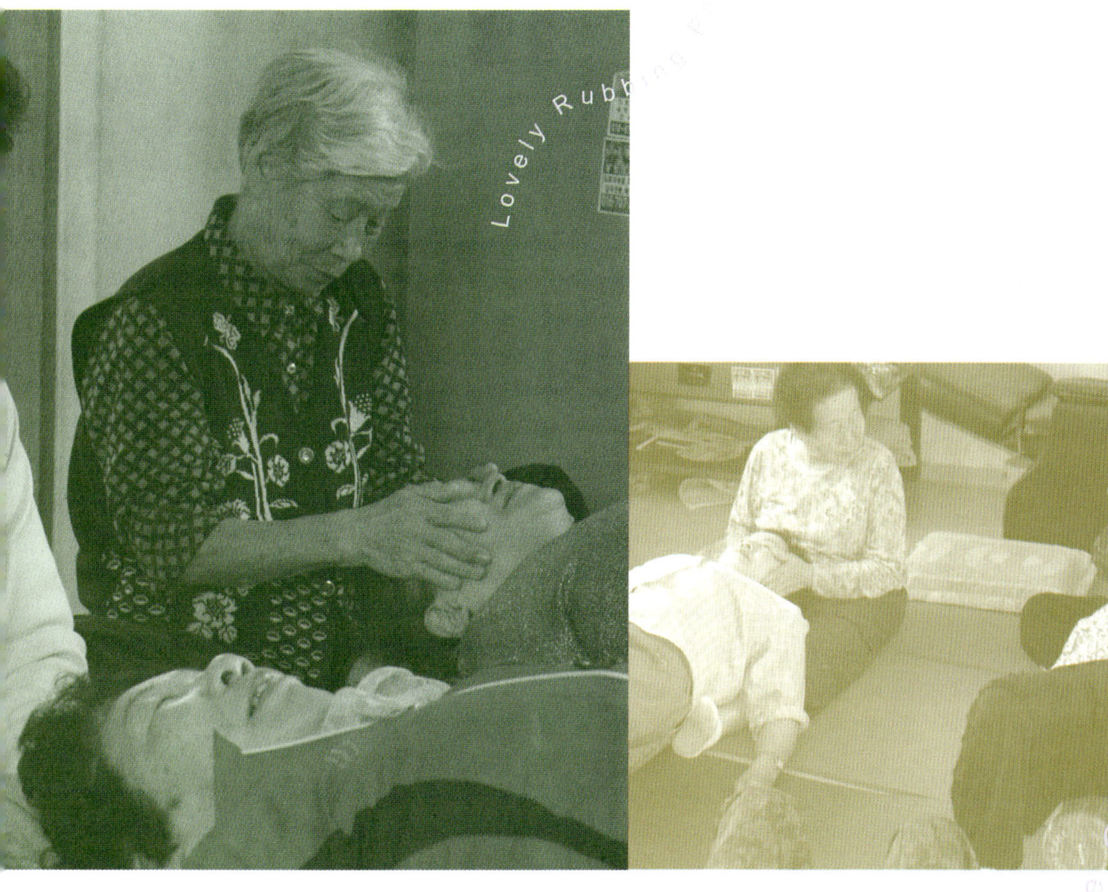

자신의 파트너의 얼굴을 쓰다듬으면서, 예쁘다고 반복해 얘기
합니다. 파트너의 얼굴이 예쁘게 변하는 것을 볼 수 있습니다.
운동이 끝날 무렵, 모든 참여자의 얼굴은 홍조를 띄는 예쁘고
건강한 얼굴로 변한답니다.

　　부부 또는 파트너와 함께 서로간의 호흡을 맞추어 팔, 다리, 배, 등, 옆구리부위 근육들을 스트레칭하고 힘을 길러 몸의 혈액순환을 활발하게 만들어 줍니다. 서로간의 도움으로 힘이 될 수 있는 시간을 만들 수 있습니다. 특히, 이 움직임을 수행할 때 호흡을 집중한다면 더 좋은 효과를 얻을 수 있습니다. 항상 힘이 드는 동작을 행할 때는 입으로 숨을 내쉽니다.

　　필라테스는 신진대사를 활발하게 하는 안전한 운동요법입니다. 부부가 함께하는 필라테스는 서로간의 공통된 관심사를 통해 서로 더 이해할 수 있는 계기를 마련할 것입니다. 남편과 아내가 함께 집에서도 쉽게 할 수 있으므로 매일 잠깐 짬을 내어 하도록 하세요. 서로를 배려하는 마음으로 건강하고 활기찬 노년을 보내실 수 있을 것입니다.

　　하나! 둘... 함께 구호를 외치면서 하면 호흡도 잘 맞고 더 신나게 즐길 수 있습니다.

　　현대 사회는 자기중심적인 신세대들 만큼이나 골드세대 또한 자식 뒷바라지나 하며 여생을 보내지 않고 자신만을 위한 삶을 추구하려는 경향이 강합니다. 그래서 집안일을 돕거나 손자, 손녀를 돌보는 것보다는 사회활동을 하거나 취미활동을 하는 것을 좋아합니다. 하지만 젊은 직장인 층의 맞벌이가 늘어나면서 기혼 여성들도 육아에 얽매이지 않고 자녀들을 유아원이나 보육원에 맡기고 출근을 하는 경우가 늘어나지만 현재 국내 실정으로는 안심하고 장시간 동안 자녀를 맡아주는 시설이 부족합니다. 그러므로 젊은 부부는 결국 자녀들의 조부모와 가까운 곳에 살거나 맡기는 경우가 늘어나고 있는 추세입니다.

　　이런 사회적 현상에서 골드세대는 여유 있는 노년을 즐기고 싶은 마음에 아이를 봐 달라는 자식의 부탁을 거절하기도 하지만 이와는 반대로 여전히 자식들의 어려운 현실상황에 대해서 노년층은 '손자 돌보기는 제2의 직업'이라고 생각하는 노인들도 늘어가고 있습니다. 그들은 아마도 예쁜 손자를 안심하고 남에게 맡길 수 없으며, 함께하는 시간으로 젊음을 느끼고, 아이가 올바르게 성장하는 것을 지켜보는 것과 자식들로 하여금 아이를 봐주는 대가로 용돈을 벌기도 하지만 옛말에도 아이들 봐주는 것은 잘 보아야 기본이란 말이 있듯이 아이를 양육한다는 것은 정신적, 육체적으로 쉬운 일이 아니며 이러한 현상으로 인해 많은 학계의 학자들에 의해서 사회복지와 조부모의 심리, 아동의 영향 등과 관련하여 연구 논문들이 쏟아져 나오고 있습니다.

　　이와 같은 사회적 현상으로 저자들은 골드세대를 위한 운동방법으로 조부모의 손자를 돌봄에 있어서 아이를 안아주고, 목마 태우기, 기타 여러 가지 놀이 방법에서 조부모는 많은 체력과 정신적 에너지가 소모되며 또한 잘못된 자세로 말미암아 더더욱 건강에 무리가 올 수 있으므로 소모된 에너지를 보강하고 놀이에서 오는 잘못된 자세를 바로 잡아주는 운동방법을 제시하고자 합니다.

Part 02

따라하면, 건강해지는
7080 골드 필라테스

노후생활을 활기차게 만드는
7080 부부 골드 필라테스

01 옆구리 스트레칭　　　Couple Side Bending

옆구리 스트레칭

1 파트너는 앞을 향해 필라테스의 기본 선 자세를 취합니다. 상체를 측면으로 굽혀 옆구리가 스트레칭이 되도록 합니다. 두 손을 서로 맞잡아 줍니다.

　준비자세를 취합니다.

2 입으로 숨을 내 쉴 때, 서로 잡은 손을 당깁니다.

02 상체 스트레칭

- 허벅지 뒤 근육 스트레칭 · 등 스트레칭

1 허리를 곧게 펴고 앉아 발을 앞으로 쭉 뻗어 줍니다. 두 발을 어깨 넓이보다
넓게 벌립니다. 파트너도 동일하게 자세를 취하고, 서로 발을 맞붙여 줍니다.
두 팔을 앞으로 뻗어 손을 잡아줍니다.

준비자세를 취합니다.

2 입으로 숨을 내 쉴 때, 상대방의 근육이 늘
어나도록 잡아 당겨줍니다.

03 가슴 펴기　　　　　Open Chest

• 가슴근육 강화　• 팔 근육 강화

1 필라테스의 기본 앉은 자세를 볼 위에서 취합니다. 두 손으로 튜빙밴드 손잡이를 잡고 두 팔을 펴서 앞으로 나란히 들어줍니다. 이 때, 파트너가 양 쪽 튜빙밴드 끝을 고정하고 잡아줍니다.

　준비자세를 취한 후, 척추를 천장 쪽으로 늘려줍니다.

2 두 팔을 옆으로 벌립니다. 이 때, 어깨가 올라가지 않도록 합니다.

　제자리로 돌아옵니다.

• 하체 근력 강화 • 허벅지 앞 쪽 근육 스트레칭 • 하체정렬 인지능력 향상 • 신체 균형감각 향상

1 필라테스의 기본 선 자세를 취합니다.

왼발을 앞으로 내어 구부립니다. 오른 발은 뒤로 쭉 뻗어 줍니다. 이 때, 상체를 꼿꼿이 세우고, 시선은 앞을 응시합니다. 오른쪽 다리가 스트레칭 되는 것을 느껴봅니다.

 호흡은 자유롭게 합니다.

2 파트너의 자세를 바르게 교정합니다.

05 복부운동

• 복부근육 강화 • 평형감각 향상

1 필라테스의 기본 앉은 자세를 볼 위에서 취합니다. 두 팔에 튜빙
밴드 손잡이를 잡고, 볼 위에 척추를 펴고 바르게 앉습니다.

준비자세를 취합니다.

2 골반이 뒤로 기울어지면서 상체를 뒤로 갑니다. 이 때,
배를 깊숙이 집어넣고 어깨가 올라가지 않도록 합니다.

•앞가슴 근육　•척추 신전　•앞 어깨 스트레칭　•하체강화

1 등을 서로 마주대고, 서로의 팔짱을 낍니다.

　숨을 입으로 내 쉴 때, 한 사람은 등을 대고 밑에서 받쳐줍니다. 다른 한 사람은 등 위에 올라가 몸 전체를 이완시킵니다. 서로가 호흡을 조절하면서, 잠시 머무릅니다.

- 어깨안정성 향상   • 척추교정   • 어깨관절 유동성 향상

1 정면을 보고 필라테스의 기본 선 자세로 바르게 서서, 두 팔은 구부려 앞을 향해 있으며, 팔꿈치는 옆구리에 붙입니다. 이 때, 손바닥은 천장을 향해 놓습니다.

🐽 준비자세를 취합니다.

2 👄 정면을 보고 있던 손끝이 양 옆으로 이동합니다.

08 앉고 일어서기 Squat

하체강화의 대표적 동작

1 정면을 보고 필라테스의 기본 선 자세로 바르게 서서 두 팔은 앞으로 나란히 뻗어 줍니다.

 준비자세를 취합니다.

2  다리를 구부립니다. 이 때, 무릎이 항상 정면을 향합니다.

- 척추 유연성 향상　• 허벅지 뒤 근육 스트레칭　• 복부근육 인지능력 향상

1 정면을 보고 필라테스의 기본 선 자세로 바르게 섭니다.

 준비자세를 취하고, 척추를 늘입니다.

Chapter 06. 노후생활을 활기차게 만드는 7080 부부 골드 필라테스

2 💋 시선 → 머리 → 가슴 순으로 차례대로 내려갑니다.
같은 방법으로 천천히 올라옵니다.

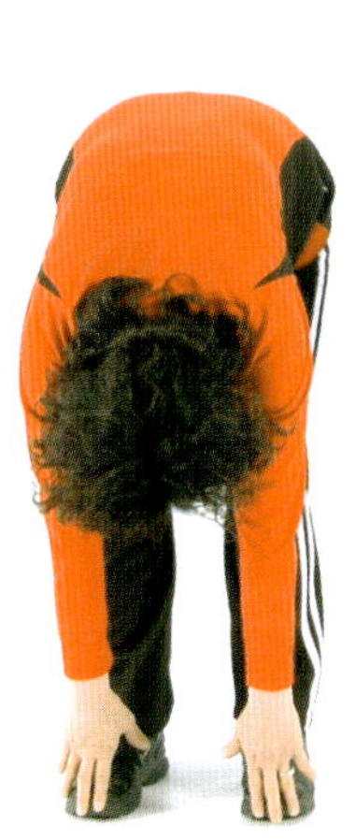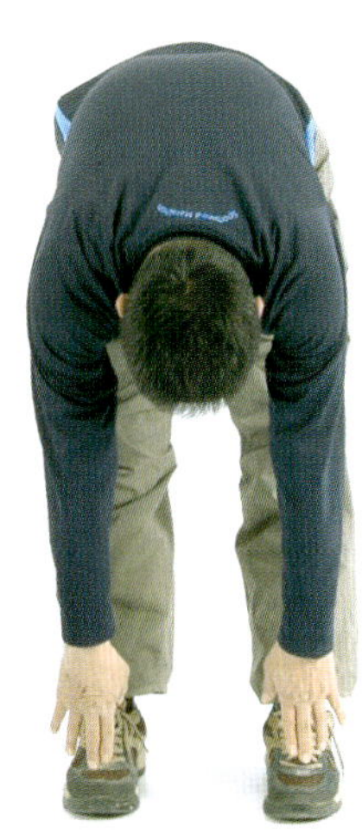

10 척추 비틀기

1 정면을 보고 필라테스의 기본 선 자세로 바르게 서서 두 팔
을 옆으로 뻗어 줍니다.

🐽 준비자세를 취하고, 척추를 늘입니다.

2
🫦 오른쪽으로 척추를 비틀어 줍니다.
👃 제자리로 돌아옵니다.

3 같은 방법으로 반대 왼쪽 방향도 실행합니다.

11 한 쪽 다리로 균형잡기

1 정면을 보고 필라테스의 기본 선 자세로 바르게 서서 두 팔을 옆으로 뻗어 줍니다.

　준비자세를 취하고, 척추를 늘입니다.

2 👄 체중을 한 쪽 다리로 지탱합니다. 또 다른 한 다리는 매트 바닥에서 들어 올립니다.

👃 제자리로 돌아옵니다. 같은 방법으로 서로 반대 방향을 실행합니다.

3 👄 체중을 한 쪽 다리로 지탱합니다. 또 다른 한 다리는 매트 바닥에서 들어 올립니다.

👃 제자리로 돌아옵니다. 같은 방법으로 서로 반대 방향을 실행합니다.

손자 손녀와 함께하기 위한
7080 골드 필라테스

- 어깨관절의 활동능력 향상 ・ 어깨, 가슴 그리고 목의 유연성 향상

1 폼롤러를 베게 삼아 옆으로 다리를 구부려 누워서 왼팔에 조그만 볼을 들어 줍니다.

2 천장에 큰 원을 팔로 그린다고 상상하면서 팔을 크게 돌립니다. 이 때, 호흡을 편안하게 합니다.

• 어깨, 가슴, 목 그리고 척추의 유연성 향상　• 가슴을 넓게 펴서 자세를 바르게 하는데 효과적

1 폼롤러를 베게 삼아 옆으로 다리를 구부려 눕고, 팔은 편안하게 몸통 옆에 놓습니다.

2 왼팔을 천장 쪽으로 들어 올립니다.

3 들어 올린 팔을 등 뒤 쪽으로 보냅니다. 이 때, 시선은 손을 따라 움직입니다.

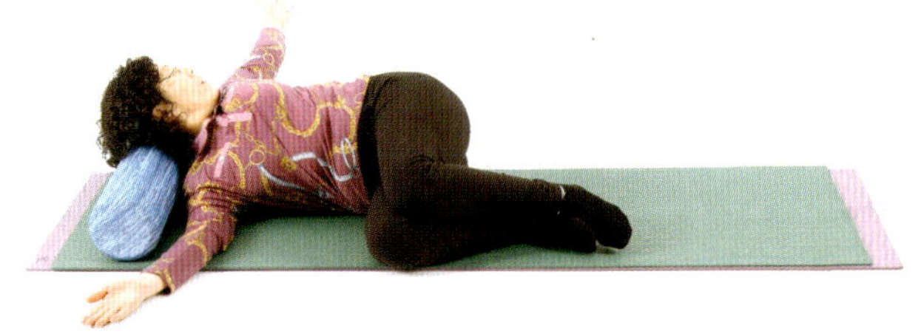

03 엎드려 상체 들어올리기　　　Swan

1 매트 바닥에 엎드려 눕고, 두 팔은 머리 위 쪽으로 뻗어 어깨넓이 만큼 벌립니다. 이 때, 두 손목을 폼롤러 위에 놓고 두 발은 골반 넓이만큼 벌립니다.

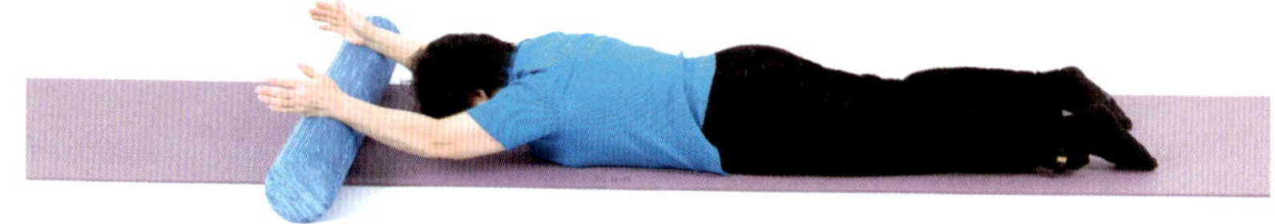

2 어깨를 귀 쪽으로 밀어 줍니다. 이 때, 팔꿈치가 구부러지지 않아야 합니다.

3 귀 쪽으로 민 어깨를 골반 쪽으로 내려 밀면서 상체를 들어 올립니다.

04 상체 들어올리기   Abs Curl

• 복부의 근력을 근육을 강화시키는 대표적인 운동   • 골반의 안정성 향상

1 등을 대고 두 무릎을 구부리고 골반 넓이만큼 다리를 벌려 필라테스의 기본 누운 자세를 취합니다. 시선은 천장을 향하고, 오른쪽 팔은 머리 뒤를 받치고, 왼팔은 골반 옆에 둡니다.

준비자세를 취합니다.

2 상체를 들어 올립니다.

이 때, 시선은 턱 → 머리 → 상체 순으로 들어 올립니다.

3 상체를 내립니다.

05 팔과 다리 늘려 펴기

1 🖐 두 손을 어깨 넓이만큼 벌려 어깨 밑에 두고,
골반 밑에 무릎이 오도록 자세를 취합니다. 🖐 준비자세를 취합니다.

2 👄 오른쪽 팔을 머리 위로 들어 올립니다.
🖐 오른쪽 팔을 매트 바닥으로 내립니다.
(왼쪽 팔을 동일하게 들어 올리고 내립니다.)

3 오른쪽 다리를 뒤로 펴서 들어 올렸다가 내립니다. 그 다음 왼쪽 다리를 동일하게 들어 올리고 내립니다.

4 이번에는 오른손을 머리 위로, 왼쪽 다리는 뒤로 동시에 들어 올렸다가 내립니다. 그 다음 왼손과 오른쪽 다리도 동일하게 동시에 들어 올리고 내립니다.

처음 준비자세로 돌아옵니다.

1 필라테스의 기본 앉은 자세를 의자에서 취합니다.

💋 오른 손목을 뒤로 젖혀서 팔 근육을 스트레칭합니다.

같은 방법으로 손목을 안 쪽으로 구부립니다.

02

👃 💋 편안한 호흡으로 손목을 시계방향과 반시계방향으로 돌립니다.

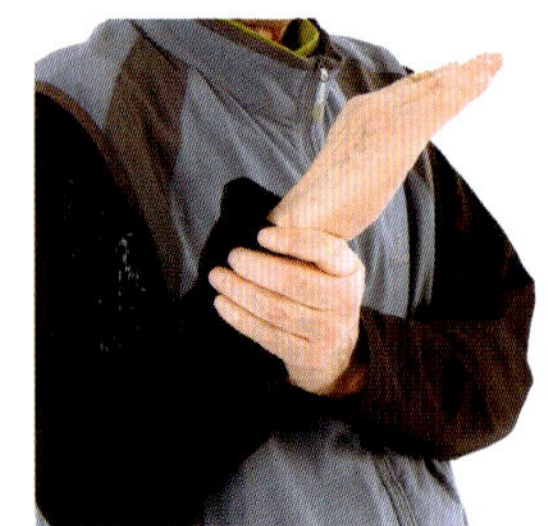
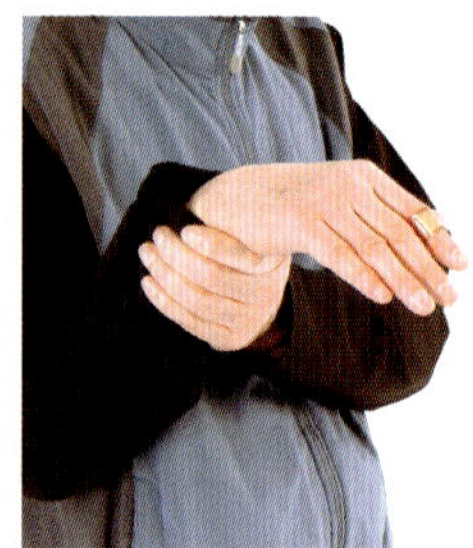

- 하체 근력 강화의 대표적인 운동　　• 신체정렬의 인지능력과 신체 균형감각 향상

1 필라테스의 기본 선 자세를 취합니다.

　👃 두 팔을 앞으로 나란히 하듯이 폅니다.

2 💋 하체정렬을 지키면서 앉습니다.

08 앉은 고양이 자세

1 필라테스의 기본 앉은 자세를 취합니다.

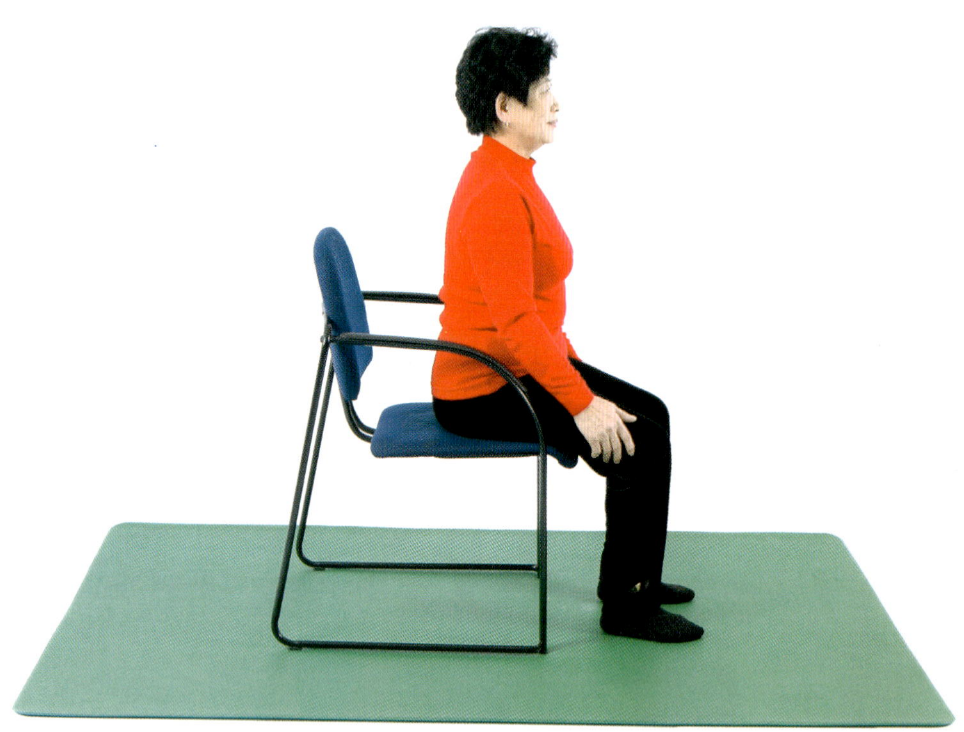

2
두 팔과 머리, 가슴을 몸 뒤로 젖힙니다.

3
배를 등 쪽으로 밀면서 상체를 앞으로 구부립니다.

• 하체 강화　• 신체 균형감각 향상　• 하체 근육 협응력 향상

1 필라테스의 기본 선 자세를 취합니다.
　척추를 천장 쪽으로 길게 늘입니다.

2 두 팔을 옆 사선방향으로 벌리면서, 오른쪽 다리로 체중을 이동합니다.

3 제자리로 돌아옵니다.

4 💋 두 팔을 옆 사선방향으로 벌리면서, 왼쪽 다리로 체중을 이동합니다.

In 10 Sessions you will feel the difference,
In 20 you will see the difference, and
In 30 you'll have a whole new body

– Joseph H. Pilates

필라테스를 10번 하고나면 느낌이 다르고,
필라테스를 20번 하고나면 눈에 보이게 다를 것이고,
필라테스를 30번 하고나면 내 자신의 신체가 새롭게 태어난다.

7080 골드 필라테스의 이해

08 Chapter

7080 골드 필라테스에 대하여

골드 필라테스(Gold Pilates)는 필라테스를 기반으로 노인(70~80대)들의 신체활동을 개선시키기 위한 기능적인 운동요법으로 노인 스스로 신체를 건강하게 단련하여 정신적인 스트레스, 우울증, 불안을 감소시키고, 신체 인지능력을 높이는 특징을 가지고 있습니다.

이러한 운동과 신체에 대한 인식은 자세를 개선시키는 효과가 있습니다. 즉, 신체를 인지하면서 근력을 강화하고 유연성을 향상시키는 운동이 자세를 바르게 개선시킬 수 있습니다.

노인들은 일반인들에 비해 자기도 모르게 무의식적으로 부정적인 자세를 취하는 경향이 있습니다. 배에 힘을 주거나 등을 쭈~욱 펴는 행위가 부자연스러운데, 이는 머리를 위로 잡아 당겨 관절에 무리가 가는 행위를 최소화할 수 있는 기능적인 자세를 취하기 어렵기 때문입니다.

노인들이 점점 나이가 들어감에 따라 몸을 지탱하는 골반의 앞 또는 뒤로 기울어지는 현상이 명확히 나타납니다. 즉, 복부근육의 안쪽 깊숙이 위치한 복횡근의 약화가 골반을 기울어지게 합니다. 또한 잘못된 자세에 익숙한 요추 부위의 변형으로 허리가 굽어 있습니다.

대부분의 노인들이 서 있을 때, 구부정한 자세를 취하게 되는 것은 그들에게 알맞은 운동을 지속적으로 하지 않고 있기 때문입니다. 따라서 허리가 지나치게 굽혀지거나 상체가 앞쪽으로 쏠려 어깨와 가슴근육이 경직되기 전에 적절한 운동을 해야 합니다. 필라테스가 잘못된 자세로부터의 신체부상을 예방하는 지름길이라고 하겠습니다.

골드 필라테스를 통한 근력 강화와 유연성의 향상은 노인들의 복부근력을 강화시킬 뿐만 아니라 신체를 바르게 유지시켜 올바른 자세를 취하게 합니다.

골드 필라테스는 신체의 가장 중심이 되는 복부근육을 강화시키는 것은 물론 한쪽으로 치우친 신체의 불균형을 개선하는데 좋은 운동요법이며, 매우 안전하다는 사실이 더욱 높이 평가되는 부분입니다.

이 장에서는 필라테스라는 운동에 대해서 개괄적으로 알아봅니다. 즉, 필라테스의 과거 역사적인 시작에서부터 현재의 운동요법에 이르기까지 필라테스의 발전사와 더불어 알아봅니다.

01_ 필라테스란?

↑ 창시자 조셉 필라테스

필라테스(Pilates) 운동요법은 독일 태생의 조셉 필라테스(Joseph H. Pilates 1880~1967)에 의해 1920년대 새롭게 정립된 정신수련법이자 호흡법 및 근육운동입니다.

필라테스는 신체를 이용한 운동으로 500여개가 넘는 동작으로 구성되어 있습니다. 대표적으로, 매트운동과 기계운동으로 나눌 수 있으며 초급, 중급, 고급단계에 따라 다양한 동작들이 변형되고 발전되어 오고 있습니다.

필라테스 운동요법은 몸통의 안정성을 가장 중요시하고 있습니다. 신체의 효율적인 움직임과 기능적인 움직임을 하기 위해서는 몸통을 강화해야 합니다. 즉, '몸의 중심부가 튼튼해야 몸의 전체적인 균형이 좋아지고 몸통 둘레에 힘이 생기므로 척추와 내부 장기를 보호하면서 동시에 팔, 다리를 자유롭게 움직일 수 있다'라는 이론을 기반으로 만들어진 운동요법입니다.

많은 사람들은 운동을 할 때 각각의 동작이 어떻게 시작되는지에 대해 생각하는 사람은 거의 없습니다. 따라서 어설프게 움직이다가 근육에 무리가 가거나 부상의 위험이 높아집니다.

필라테스 운동요법은 동작을 할 때마다 중심부 근육을 이용하는 방법을 가르치고 있기 때문에 척추 중립화를 유지시키므로 몸의 자세교정이 자연스럽게 이루어집니다.

올바른 자세를 바로잡아줌으로써 불균형한 자세로 인한 요통 또는 만성 근육통을 줄일 수 있어 몸을 건강하고 안전하게 운동을 할 수 있으며 생활의 활기를 더욱 북돋워 줍니다.

필라테스 운동요법에서 말하는 몸의 중심부 근육들을 조셉 필라테스는 파워하우스(Power House)라고 불렀습니다. 그 당시 조셉이 얘기한 신체의 파워하우스 범위가 갈비뼈 아래 부분부터 골반까지였지만, 현재의 파워하우스의 범위는 더 광범위해져서 흉곽부터 골반 밑에 있는 골반저근까지를 말합니다. 그런 이유로 현재 필라테스 운동요법은 몸통 주변을 감싸고 있는 근육을 강화시키는 몸통의 안정성을 보다 더 강조하고 있습니다. 특히, 몸통을 감싸고 있는 복부근육은 척추를 안정시키는 코르셋 역할을 해서 내부 장기를 보호하고 몸을 구부리거나 비틀 수 있게 합니다.

필라테스 운동요법은 항상 몸의 안쪽 근육을 인지하여 바깥쪽 근육을 활성화시키는 기능적인 운동으로 자신의 신체에 대한 인식을 높이고 길고 튼튼한 근육을 만들어내는 운동요법입니다.

02_ 필라테스의 역사

　"필라테스 운동요법"의 창시자인 조셉 필라테스는 어린 시절에는 구루병, 천식, 류마티스 열에 고생하는 허약한 아이였습니다. 청소년 시절에는 본인의 허약함을 극복하기 위해 다이빙, 스키 및 체조, 프로 권투선수 등의 건강을 위해 운동에 많은 시간과 노력을 아끼지 않았습니다. 또한 요가, 젠 명상요법, 고대 그리스와 로마인의 운동법을 공부하기도 하였습니다.

　1914년 조셉 필라테스는 영국에서 복서로 활동하고 있었습니다. 세계 1차 대전 당시 그는 수용소의 부상당한 군인들의 재활치료를 위하여 효율적인 운동방법을 생각하게 되었습니다. 건강과 보디빌딩에 대한 기존의 생각을 재정립한 컨디셔닝(Conditioning) 프로그램으로 운동방법을 찾아 부상당한 군인들에게 가르쳤습니다. 그 결과로, 1918년에는 건강에 치명적이었던 유행성 감기로부터 수용자들의 생명을 지켜낼 수 있었습니다. 그 후, 그는 다른 수용소로 이송되었으며, 그곳에서도 환자들의 불편한 팔다리를 치료하기 위해 침대에 스프링을 붙여 환자가 침대 위에서도 운동을 할 수 있도록 하였습니다. 당시 부상당한 군인들의 재활에 이르기까지 그의 운동요법은 많은 도움을 주었습니다.

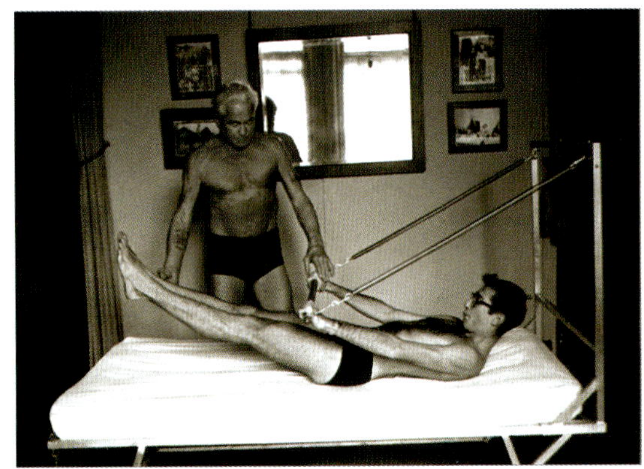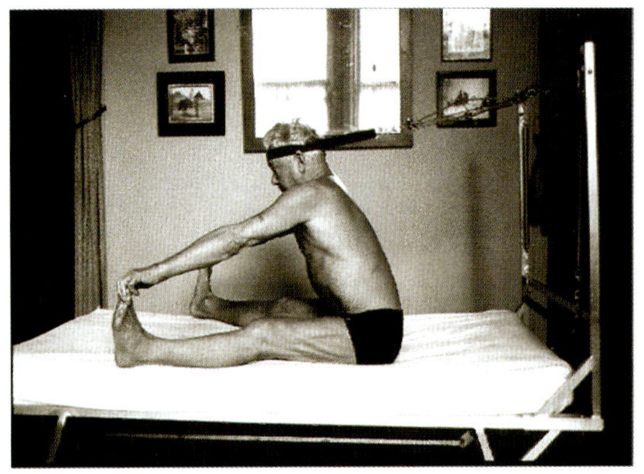

↑ 스프링을 붙인 침대

　이후에, 스프링을 단 침대에서 하는 운동은 필라테스 매트 운동의 기본이 되어 만들어 졌습니다. 현재 개발되어 있는 필라테스 운동요법의 기계로는 캐딜락(Cadillac), 유니버설 리포머(Universal Reformer), 체어(Chair) 그리고 래더 배럴(Ladder Barrel) 등이 있습니다. 이 기계들을 이용하면, 무중력 상태에서 장력을 조절하므로 척추와 골반이 안정되게 운동할 수 있습니다. 더불어 기계가 필요하지 않은 매트 운동요법도 개발되었습니다.

↑ Cadillac

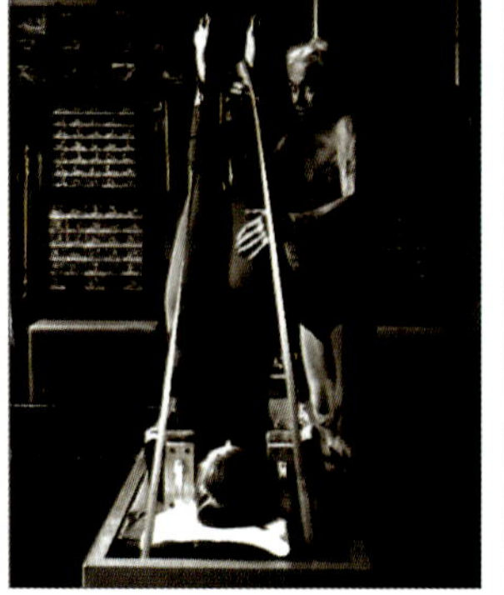

↑ Universal Reformer

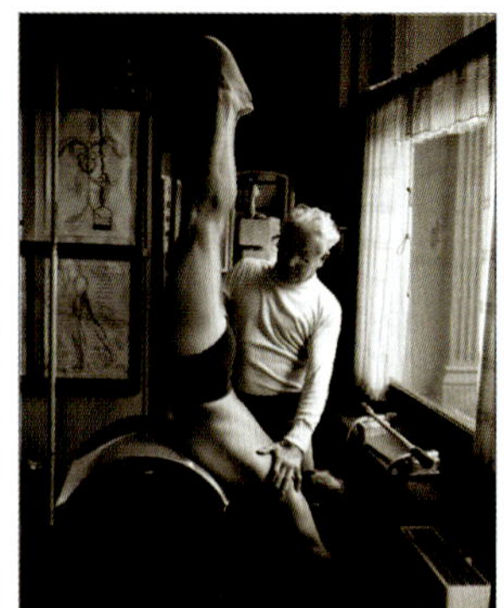

↑ Ladder Barrel

조셉 필라테스는 그의 운동요법이 신체의 균형, 교정, 에너지 충전 및 정신적 건강의 향상에도 많은 도움을 준다고 주장했습니다.

그는 1923년 미국 뉴욕으로 이주하여 맨해튼 8번가에 스튜디오를 열고 당대의 유명한 안무가이자 무용수인 조지 발란신과 마사 그라함의 학생들을 가르치고 치료하였습니다.

조셉은 1967년 세상을 떠났지만, 그의 운동요법은 잦은 부상과 과다한 운동으로 근육 및 신체의 재활과 건강을 필수로 생각하는 스포츠인 또는 무용인, 남녀노소 모두에게 적합한 운동으로 자리를 잡았습니다. 현재는 일반인들의 자세교정을 위해 또는 재활 및 일반 체력단련에도 두루 사용되고 있습니다.

조지 발란신(George Balanchine, 1904~1983)
"안무의 모차르트"라고 불리는 20세기 최고의 안무가.
미국식 '신고전주의발레(Neo-Classic Ballet)'의 창시자.
1935년 현 '뉴욕시티발레단'의 전신인 아메리칸 발레단을 조직함.

마사 그라함(Martha Graham, 1893~1991)
현대 무용의 움직임을 창조한 미국 현대 무용가.
근육의 수축과 이완(Contraction & Release)을 극적인 무용의 표현으로 사용함.

03_ 필라테스의 계보도

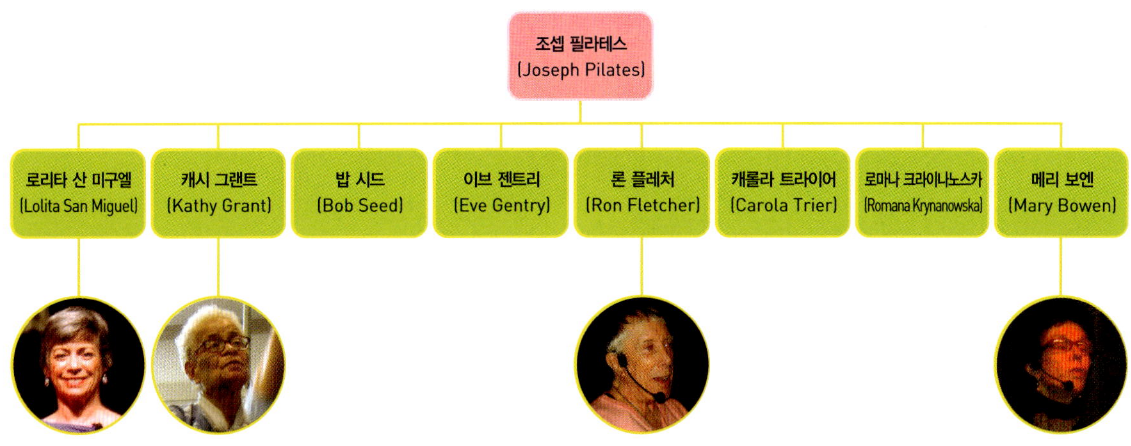

제 1세대 선생님 _ The First Generation Teachers

필라테스의 1세대 선생님은 조셉 필라테스와 그의 부인 클라라로 부터 필라테스 운동요법을 배운 분들입니다. 현재 8명의 제 1세대 선생님들 중에 5명이 생존해 있으며, 메리 브라운(Mary Bowen), 론 플레처(Ron Fletcher), 캐시 그랜트(Kathy Grant), 로리타 산 미구엘(Lolita San Miguel)은 필라테스연맹(PMA)에서 후배 양성을 위해 왕성한 활동을 하고 있습니다. 현재 그들의 나이는 70대 후반에서 80대 후반에 이릅니다.

필라테스연맹(PMA)

필라테스연맹(PMA; Pilates Method Alliance)은 비영리 국제단체로 미국에 본부를 두고 있습니다. 전 세계의 필라테스 전문가들로 구성된 협회로, 조셉 필라테스와 그의 부인 클라라(Joseph H. and Clara Pilates)의 필라테스 운동요법 보존을 위해 설립되었습니다. 연맹이 추구하는 지향점은 필라테스 전문가를 위한 자격요건과 지속적인 교육의 기준을 확립함으로써, 많은 사람들을 잘못된 운동습관으로부터 보호하는 것입니다.

09 Chapter

필라테스의 기본원리와 효과

　모든 운동이 그렇듯이 그 운동의 기본원리를 알고 시작하는 것이 가장 기본이라고 할 수 있습니다. 필라테스 운동을 하기 전에 기본원리를 알고 필라테스 운동요법을 시작하는 것이 필라테스 운동요법의 시작이며, 또한 건강한 신체를 만들기 위한 지름길입니다. 필라테스 운동요법의 기본원리에 대해서 알아보고, 이러한 필라테스 기본원리에 근거한 효과에 대해서 알아봅니다.

"Contrology is complete coordination of mind, body and spirit ⋯ Contrology develops the body uniformly, corrects wrong postures, restores physical vitality, invigorates the mind, and elevates the spirit."

-Joseph H. Pilates

"조절학(필라테스)은 마음과 몸과 영혼의 완벽한 조합을 의미합니다. 조절학(필라테스)은 신체를 균형 있게 발달시키고, 잘못된 자세를 바르게 하며, 신체의 활력을 복원하고, 마음을 강하게 하고 영혼을 맑게 합니다."

01 _ 필라테스의 기본원리

◉ 조절 _ Control

필라테스의 창시자인 조셉 필라테스는 초기의 필라테스를 컨트롤로지(Contrology)라고 불렀습니다. 그의 사후, 제자들에 의해 필라테스라는 운동요법으로 불리어지게 되었습니다.

이 원리는 필라테스 운동요법의 기본규칙으로 운동하는 순간에서부터 운동을 끝마칠 때까지 매 순간 자신의 신체 움직임을 조절하는 것을 의미합니다. 즉, 운동을 통한 근육의 긴장과 이완을 하는 근육훈련으로 움직임의 절제를 통해 더 큰 기능적인 운동효과를 낼 수 있습니다.

이 원리를 숙지하고 실제로 운동을 하면, 큰 근육의 비대를 방지할 수 있고 작은 근육의 조절과 균형을 개선할 수 있기 때문에 작은 근육을 더욱 신축성 있는 근육으로 향상시킬 수 있게 됩니다.

◉ 호흡 _ Breath

호흡만 제대로 한다면, 건강함을 되찾을 수 있다고도 합니다. 즉, 일상에서 많은 사람들은 호흡에 대한 중요성을 깨닫지 못하고 있다는 것을 빗대어 말하는 것입니다.

호흡은 모든 운동을 하기 위한 가장 필수적이고 가장 기초적인 것으로 필라테스에 있어서도 역시 호흡은 운동의 시작점과도 같다고 할 수 있습니다.

필라테스 운동요법의 호흡은 다른 운동과는 차원적으로 다릅니다. 운동을 하는 동안, 몸의 움직임은 호흡과 함께 이루어져야 합니다. 일상에서의 호흡방법과는 많은 차이가 있습니다. 필라테스 호흡법에 맞춰 집중하여 운동을 할 경우, 우리는 일상에서의 긴장과 스트레스를 풀어줄 수 있습니다.

특히, 필라테스 호흡과 함께 이루어지는 운동들은 긴장된 근육을 유연하고 부드럽게 하여 운동 시 생각보다 큰 기대효과를 볼 수 있습니다. 그러나 대부분의 사람들이 일상의 얕은 호흡으로 신체의 폐 기능을 저해하고 있는 실정입니다. 필라테스 호흡법을 통해, 폐활량의 증가와 운동기능 향상을 동시에 볼 수 있습니다.

◉ 흐름 _ Flowing Movement

운동에 있어서 흐름은 자연스러운 지속성과 같다고 할 수 있습니다. 흥겨운 춤을 추는 것처럼 신체의 연속적인 흐름을 통해, 신체의 에너지를 계속 발산하고 유지할 수 있게 합니다.

올바른 필라테스 운동요법의 자세에 있어서 신체의 흐름은 상당히 중요한 것입니다. 필라테스 운동을 할 때, 자연스러운 신체의 흐름은 근육과 관절을 부드럽게 움직이도록 하여 신경조직은 물론 몸의 다양한 근육에 이르기까지 고르게 효율적인 운동효과를 볼 수 있도록 도와줍니다.

◉ 정확성 _ Precision

필라테스 운동요법은 신체의 움직임에 있어서 정확성을 필요로 하는 운동입니다. 이 정확성은 신체를 바른 자세로 만들고, 올바르게 신체를 움직이기 위해서 반드시 필요한 것입니다.

필라테스 운동요법을 통한 정확한 움직임은 신체의 각 부위의 역할(다리의 각도, 팔꿈치와 어깨의 위치, 머리와 목, 손가락과 시선 등)을 의미합니다.

정확성이 의미하는 것은 엉뚱하게 여러 번하는 것보다 좀 느리더라도 1회의 정확한 신체의 움직임을 말하는 것입니다. 즉, 올바른 운동습관을 유도하고 긍정적이고 건강한 신체로 다듬을 수 있도록 노력하는 것입니다.

◉ 중심화 _ Centering

필라테스 운동요법이 강조하는 파워하우스는 각각의 동작을 수행할 때마다 움직임의 시초이며 복부근력에 큰 중점을 둡니다. 필라테스 운동요법을 접해 본 사람들은 대부분 '배꼽을 등에 붙인다!'라는 말을 수없이 많이 들었을 것입니다. 이는, 필라테스 운동요법의 중심화를 뜻하는 것으로 복부근력에서부터 시작된다는 것을 의미합니다.

올바른 필라테스 호흡법만으로도 충분히 신체를 단련할 수 있습니다. 필라테스 운동요법의 모든 동작과 함께 호흡 및 근육의 수축과 이완 등 모든 움직임이 중심화의 근력을 강화시키는데 핵심을 이루며, 좀 더 강도 높은 어려운 동작을 가능하게 하는 근본바탕이라고 할 수 있습니다.

◉ 안정성 _ Stability

 안정성이라고 하는 것은 일반적으로 몸통(인간의 신체 나이를 알아볼 수 있는 척추가 있는 곳으로 복근과 깊은 관련이 있습니다.)의 안정성을 말하는 것입니다. 머리, 팔 그리고 다리를 자유롭게 움직이기 위해서는 몸통의 안정성이 높아야 움직임의 범위가 넓어진다고 할 수 있습니다. 몸통이 안정되지 않은 채로 몸을 움직인다면 팔, 다리의 움직임 범위는 상당히 제한을 받게 됩니다. 몸통 즉, 척추의 안정성을 통해 팔, 다리, 관절 등의 움직임을 원활하게 향상시킬 수 있습니다.

◉ 대립 _ Opposition

 근육운동을 하게 되면, 근육의 수축과 이완이 동시에 이루어집니다. 팔을 굽혀 이두박근을 수축하면, 동시에 삼두근은 이완됩니다. 즉, 근육의 수축과 이완은 운동을 할 때 이러한 근육의 움직임(수축과 이완)이 계속 대립적으로 이루어진다는 것입니다.

 필라테스 운동요법은 신체를 조절하는 운동입니다. 필라테스 운동을 통해, 신체의 모든 근육의 수축과 이완을 조절할 수 있으며 각 동작들을 조절함으로써 정확한 동작을 할 수 있으므로 몸의 균형을 잡아주며 건강하고 올바른 신체를 만들 수 있도록 합니다.

 예를 들어, 앉아서 무릎을 가슴으로 당기는 동작을 할 때, 등근육은 이완되어 길어지게 되고 복근은 길이가 짧아지게 됩니다. 복근이 약한 경우, 등근육의 이완은 쉽지가 않습니다. 따라서 등근육의 적절한 이완과 복근의 적절한 수축이 대립적으로 이루어져야 운동의 큰 효과를 기대할 수 있습니다.

02 _ 필라테스의 효과

◉ 건강하고 균형 잡힌 신체 _ 체지방 소비에 따른 다이어트 효과

 필라테스 운동요법에 대한 가장 큰 매력적인 효과 중 하나는 남녀노소 누구나 쉽고 즐겁게 할 수 있으면서도 자연스럽게 근육강화를 통해 균형 잡힌 신체를 갖게 한다는 것입니다.

 또한 신체 각 부위별 운동에 따라 놀라운 효과를 얻을 수 있습니다. 특히 자세를 바르게 하는 심부 근육을 사용하여 가늘고 긴 근육들을 단련시킵니다. 필라테스 운동요법은 날씬하고 탄력 있는 팔, 다리와 단단한 복부 등을 자연스럽고 건강하게 만드는데 이상적인 운동이라고 할 수 있습니다.

● 건강한 척추 _ 바른 자세와 유연성 증가

필라테스 운동요법은 척추와 척추 사이의 간격을 늘려주고, 척추를 유연하게 만들어 주며, 자세를 올바르게 개선시켜 신체를 보다 건강하게 합니다.

필라테스 운동요법은 골반을 바른 위치에 위치하도록 하고, 복부근육을 단련시켜 곧고 바르게 척추를 받쳐줄 수 있도록 하여 바른 자세를 만들어 줍니다. 이렇게 바른 자세를 만들게 되면, 키가 더 커지고, 척추 사이의 공간으로 인해 유연성 또한 향상시킬 수 있습니다.

필라테스 운동요법으로 근력과 유연성을 되찾은 척추는 바른 자세 유지는 물론 디스크나 여러 가지 척추질환을 예방할 수 있고, 노인들의 골다공증을 예방하는데 효과적입니다.

● 통증감소와 안정성 강화 _ 최상의 컨디션

필라테스 운동요법은 누구나 쉽게 따라할 수 있는 안전한 운동입니다. 뛰거나 격렬한 동작들이 없기 때문에 관절 및 근육의 통증이나 근력이 약한 사람들에게 특히 많은 도움이 되는 이상적인 운동이라 할 수 있습니다. 또한 호흡과 함께하는 동작들은 효과의 극대화를 가져와 호흡계, 순환계, 소화계의 효율성을 증진시킵니다.

또한 필라테스 호흡법은 신체의 컨디션을 최적의 상태로 유지할 수 있도록 해 줍니다. 이런 상태를 유지하면, 스트레스를 해소하는 효과를 볼 수 있습니다. 더불어, 정서적으로 안정을 취할 수 있어 관절뿐만이 아닌 두통과 같은 신경성 통증의 감소에도 많은 도움이 됩니다. 나아가 노화방지에도 큰 효과가 있습니다.

● 상해예방과 운동능력의 향상

필라테스 운동요법은 바른 자세로 근력을 강화시키는 것을 기본원칙으로 하기 때문에 상해예방에 효과가 있습니다. 즉, 관절과 관절 사이를 길게 늘려주고 몸의 근육과 뼈의 자세를 바르게 잡아주어 격렬한 운동으로 인한 상해의 위험에서 신체를 안전하게 지킬 수 있습니다. 또한 부분적으로 자신이 원하는 신체부위를 몸과 마음을 통합하고 집중하여 근력강화운동을 하면 운동능력도 향상됩니다.

Chapter 10

7080
골드 필라테스 기초

일반적으로 사람들의 호흡이 빠르고 얕은 것은 갈비뼈를 움직이는 늑간근이 경직되어 있기 때문입니다. 올바른 호흡을 통해 경직된 근육을 풀어 주고 긴장을 이완시키면, 정상적인 호흡 깊이와 리듬을 회복시켜줄 것입니다. 따라서 꾸준한 올바른 호흡법의 수행으로 잘못된 호흡을 개선하여 신체의 경직됨을 예방할 수 있습니다.

노인의 자세는 나이가 들어가면서 근력이 감소하고 유연성이 떨어지는 현상으로 자신의 신체를 올바르게 유지시키는 에너지 부족과 복부근력을 약화시킵니다. 그래서 대부분의 노인들이 서있을 때, 구부정한 자세를 취합니다. 이러한 노인의 잘못된 자세는 신체 부상을 가져옵니다.

특히, 문제가 되는 복부근육의 안쪽 깊숙이 위치한 복횡근의 약화는 골반을 기울게 하여 요통을 일으킵니다. 따라서 많은 노인들은 복횡근을 인지하고 강화하는 필라테스의 올바른 자세와 체조를 통해 한쪽으로 치우친 신체의 불균형을 예방하도록 노력해야 합니다.

이 장에서는 7080 골드 필라테스의 기본적인 올바른 호흡법과 기본적인 자세에 대해서 자세히 알아봅니다.

"Patience and persistence are vital qualities in the ultimate successful accomplishment of any worthwhile endeavor."

-Joseph H. Pilates

"인내와 끈기는 궁극적인 성공을 위한 필수적인 자질로 성취의 보람을 얻게 합니다."

01_ 7080 골드 필라테스의 호흡법

호흡은 인체 내에서 이산화탄소와 산소의 균형을 조화롭게 유지시키는 것입니다. 호흡은 중추신경계통의 지배를 받아 반복적으로 리듬감 있게 행해지지만, 올바른 호흡법의 습득으로 호흡의 깊이와 속도를 조절할 수 있습니다.

현대인들은 매우 불규칙하고 얕은 호흡을 일상적으로 하는 경향이 있습니다. 그래서 사람들에게 숨을 깊게 마시라고 하면, 대부분이 가슴을 과장되게 부풀리는 문제가 나타나곤 합니다. 이러한 요인들이 자세를 불균형하게 만들어 우리의 건강에 해를 끼칠 수 있는 요인이 됩니다. 그러므로 올바른 자세에서 올바른 호흡을 인식하는 것이 필요합니다.

올바른 호흡은 자신의 잘못된 호흡방식을 인식하고, 변화하려는 의지에서 시작합니다. 호흡에 집중하여 정확히 숨을 들이마시고 내쉴 때 기능적인 폐의 활동으로 신체에 좋은 효과를 얻을 수 있습니다.

예를 들어, 배우, 가수, 클래식 관현악기 연주자 그리고 연설가들은 자신들의 음량, 타이밍, 소리의 질을 향상시키기 위해서 호흡법을 배우고 있습니다. 그리고 운동선수, 체조선수 그리고 무용수들 또한 자신들의 신체적인 행위를 강조하고, 예측되는 부상을 예방하기 위해 올바른 호흡법을 지속적으로 수행하고 있습니다.

올바른 호흡은 정신적인 안정감을 주고, 신체적인 향상을 이끌기 때문에 올바른 호흡법을 터득할 필요가 있습니다.

예를 들어, 우울한 사람의 호흡을 관찰하면, 특히 목과 어깨의 근육이 긴장되고, 아랫배에 힘이 없는 구부정한 자세를 취하고 매우 불안한 호흡을 하고 있음을 알 수 있습니다. 그리고 너무 무서운 상황에 이르면, 대개 호흡이 멎게 됩니다. 즉, 호흡은 감정으로 인해 다양한 형태로 나타나게 되는데, 깊고 바른 호흡을 하면, 정신적인 안정감을 주고, 신체적인 표현의 장애를 극복하는데 도움을 줍니다.

● 필라테스의 올바른 호흡법을 배워보자

조셉 필라테스는 올바른 호흡을 통해 신체를 청결하게 하고 몸의 에너지를 생성한다고 한다고 말합니다. 필라테스의 호흡법은 갈비뼈 뒤 하단 부분을 측면으로 팽창시키는 호흡을 말합니다. 이 호흡은 항상 코로 들이마시고 입으로 내쉽니다. 또한 필라테스 호흡법은 움직임을 조절할 뿐만 아니라 흉추부분을 유연하게 해줍니다. 특히, 복부근육과 골반저근을 강화시키는 운동효과가 있습니다.

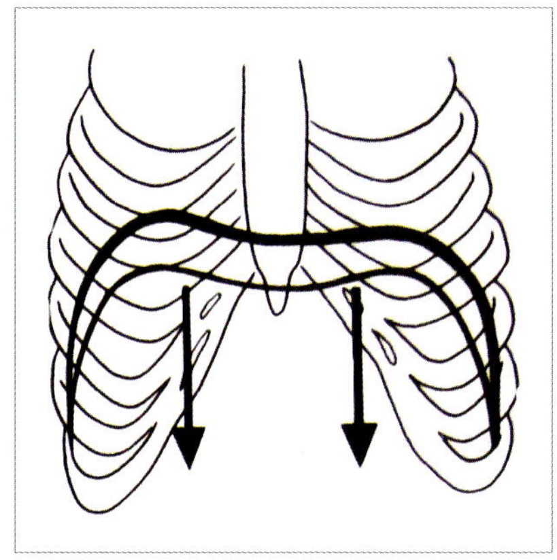

호흡을 깊게 들이마시면, 횡격막이 아래로 내려갑니다.
● 굵은 실선 : 평상시 횡격막 위치
● 가는 실선 : 호흡을 깊게 들이 마실 때 횡격막 위치

이것은 다른 운동의 호흡법과는 차이가 있습니다. 예를 들면, 웨이트 트레이닝을 할 때는 호흡을 들이마실 때 힘이 필요한 최대 근력운동을 하므로 근육을 긴장시켜 근육을 크게 합니다. 이에 반하여 필라테스의 호흡은 숨을 들이마실 때 준비동작 또는 스트레칭에 심혈을 기울이며, 숨을 내쉴 때 움직임에 맞는 근육을 사용하므로 근육이 뭉치지 않고 가늘고 길게 만들어집니다.

호흡을 깊고 풍부하게 하면 살아가는데 필요한 에너지와 생기, 열정을 더 많이 얻을 수 있습니다. 호흡이라는 것은 몸과 마음을 연결하는 행위로써, 숨 쉬는 습관은 우리의 기분에 지대한 영향을 미칩니다.

가슴으로 쉬는 얕은 호흡은 불안한 상태의 호흡과 매우 비슷하며, 편안한 상태를 유지하는데 필요한 산소와 이산화탄소의 균형을 깨뜨립니다. 필라테스를 시작한 후에는 규칙적인 호흡에 집중하여 몸속의 산소를 일정하게 공급할 수 있습니다.

필라테스 호흡은 몸 전체에 산소를 충분히 공급하기 위하여 횡격막을 이용해 깊게 숨을 쉬게 합니다. 횡격막은 가슴과 복부 사이에 위치한 근육으로 숨을 들이마실 때 아래로 내려와 가슴에 공간을 만들어 폐에 산소가 가득 차도록 합니다. 숨을 내쉬면 횡격막이 올라가 폐로부터 공기를 충분히 빼냅니다.

따라서 필라테스의 호흡법은 폐 기능을 올바르게 사용할 수 있게 합니다. 호흡을 중요하게 생각하고 자신의 나쁜 호흡습관을 고치려는 노력은 신체를 바른 자세로 유지하도록 도와줍니다. 또한 필라테스 동작마다 호흡법을 습득하는 것은 신체 움직임을 기능적으로 향상시켜 줍니다.

■ 들숨과 날숨

필라테스 호흡법의 들숨과 날숨에 대해 해부학적인 측면에서 신체의 변화에 대해 알아보도록 하겠습니다.

⊙ 들숨(코로 숨 들이마시기) _ Inhale

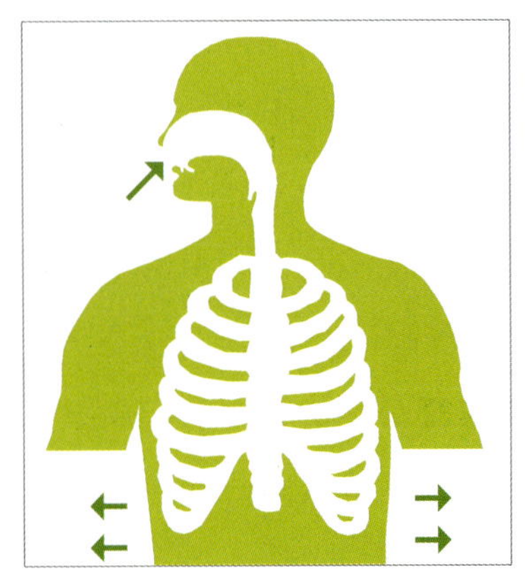

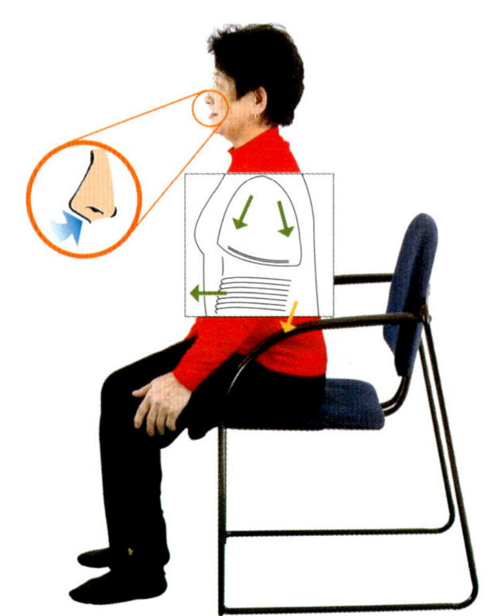

- 코로 숨을 마시면, 신체의 중심부인 복부의 긴장을 완화시켜, 횡격막의 하강을 순조롭게 합니다. 그로 인해 폐에 충분한 공기가 원활하게 유입됩니다.
- 몸통이 정면, 후면, 측면의 세 방향으로 넓게 부풀려 뒤쪽 갈비뼈 하단을 팽창시키고, 그로 인해 폐의 중간 부위까지 공기가 유입됩니다.
- 골이 상승하고 어깨의 긴장이 풀리면서 폐 속의 상층부까지 공기가 유입됩니다.

⊙ 날숨(입으로 숨 내쉬기) _ Exhale

날숨은 신체 해부학적인 측면에서 들숨과는 반대 순서로 진행됩니다.

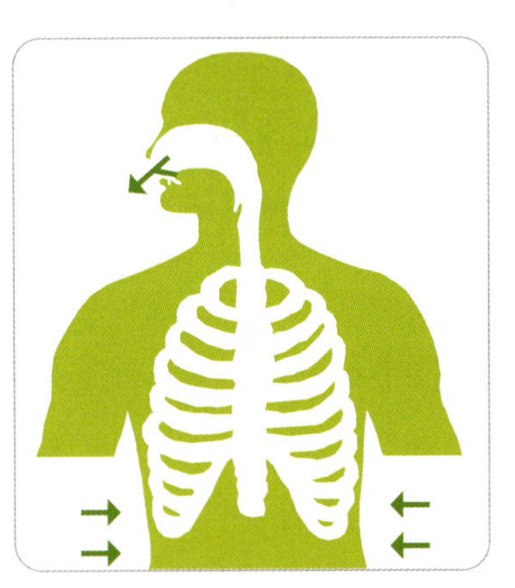

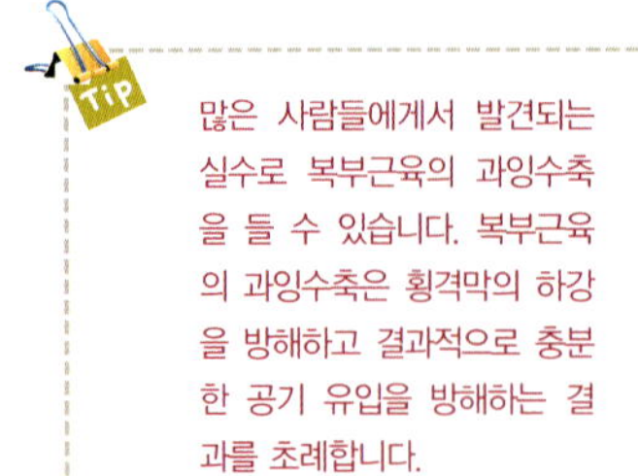

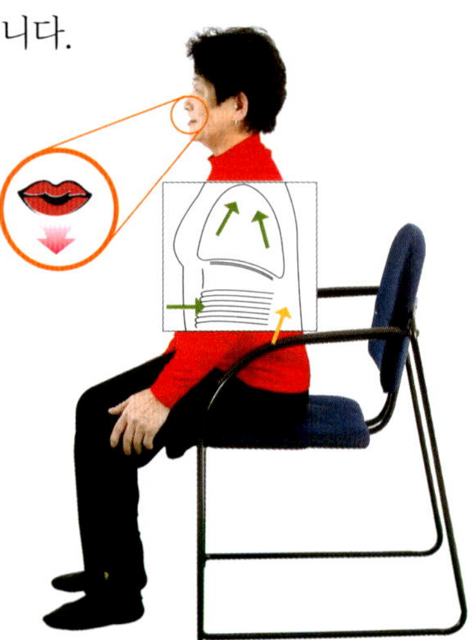

- 쇄골이 하강합니다.
- 어깨가 약간 앞으로 이동하면서 흉곽의 긴장이 풀리고 늑골도 하강합니다. 그로 인해 세 방향으로 부풀어졌던 흉곽이 다시 전체적으로 좁아집니다.
- 복부근육이 평평해지면서 약간 수축하게 됩니다.

◉ 수건을 이용한 필라테스 호흡법 느끼기

필라테스의 호흡을 제대로 느끼기 위해서 두 손을 갈비뼈 측면에 대거나 수건으로 갈비뼈 부위를 감싸 주어 호흡이 올바르게 이루어지는지 파악할 수 있습니다.

수건은 호흡 시 갈비뼈가 입체적으로 팽창하는지 쉽게 느낄 수 있게 도와줍니다. 숨을 코로 들이마실 때, 갈비뼈가 양 옆으로 충분이 팽창되도록 타월을 느슨하게 잡고, 숨을 입으로 내쉴 때, 숨을 충분히 내쉴 수 있도록 수건을 잡아 당겨 갈비뼈를 조여 줍니다.

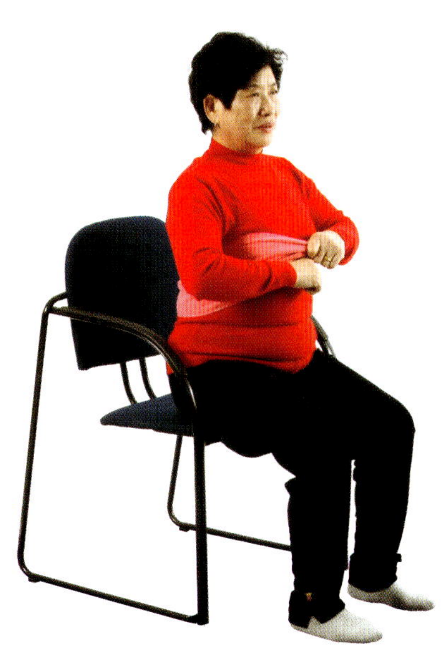

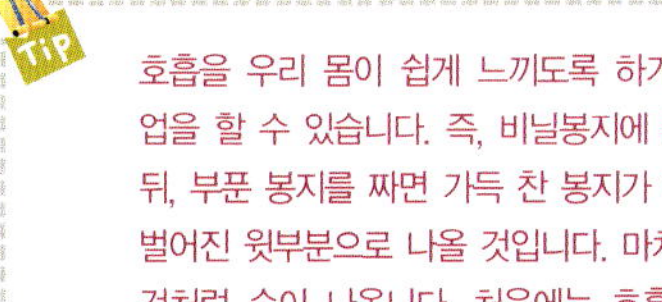

호흡을 우리 몸이 쉽게 느끼도록 하기위해 이미지 작업을 할 수 있습니다. 즉, 비닐봉지에 공기를 가득채운 뒤, 부푼 봉지를 짜면 가득 찬 봉지가 작아지며 공기가 벌어진 윗부분으로 나올 것입니다. 마치 입으로 내뱉는 것처럼 숨이 나옵니다. 처음에는 호흡을 배우는 것이 힘들지만 점차적으로 연습을 하면 자연스럽게 진행할 수 있습니다.

호흡은 인간의 삶의 첫 액션이라 할 수 있습니다. 정확한 호흡을 통해 움직임을 조절하면 집중에 도움이 됩니다. 필라테스의 올바른 호흡을 통해 운동뿐만 아니라 일상생활, 바쁜 스케줄로 인한 스트레스, 일할 때 활용하면 보다 활기찬 하루를 보내는데 도움을 줍니다.

02 _ 노인의 올바른 자세

◉ 필라테스의 기본자세

많은 사람들은 타인의 올바른 자세와 잘못된 자세를 쉽게 알아봅니다. 그러나 자신의 잘못된 자세를 인지하지 못하고 있습니다. 비록 그들이 일상생활에서 자세를 바르게 취한다 하더라도 그 자세가 정말 올바른 자세일까요?

올바른 자세는 척추에 가해지는 하중을 최소화하고 균형적인 신체를 유지하는 이상적인 자세로써 필라테스의 기본자세 또는 중립자세라고 합니다.

다음의 세 가지 자세(선 자세, 앉은 자세, 누운 자세)는 필라테스를 하기 전에 꼭 익혀야 합니다. 모든 필라테스는 이 자세에서 시작되며, 건강한 삶을 위해 반드시 숙지하도록 합니다.

■ 필라테스 기본 선 자세

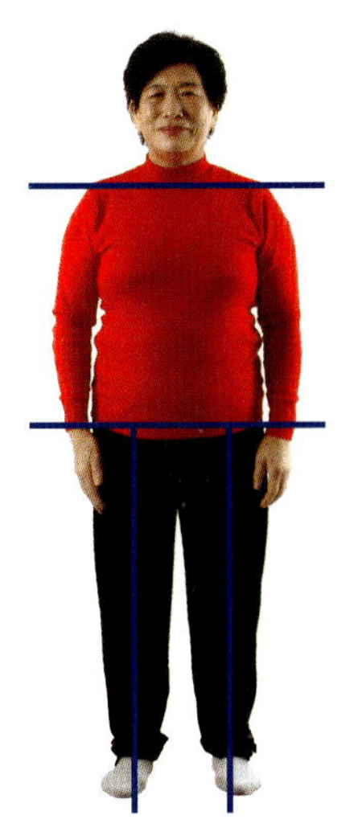 

- 두 발을 골반 넓이만큼 벌리고, 발을 11자로 평행하게 합니다.
- 고관절, 무릎, 두 번째 발가락이 일직선상에 오도록 합니다.
- 턱과 바닥이 평행이 되도록 턱을 아래로 약간 당기고 시선은 정면을 봅니다.
- 어깨를 뒤쪽으로 약간 젖혀서 가슴을 펴 줍니다.
- 어깨가 귀에서부터 멀어진다는 느낌으로 어깨를 아래로 내립니다.

■ 필라테스 기본 앉은 자세

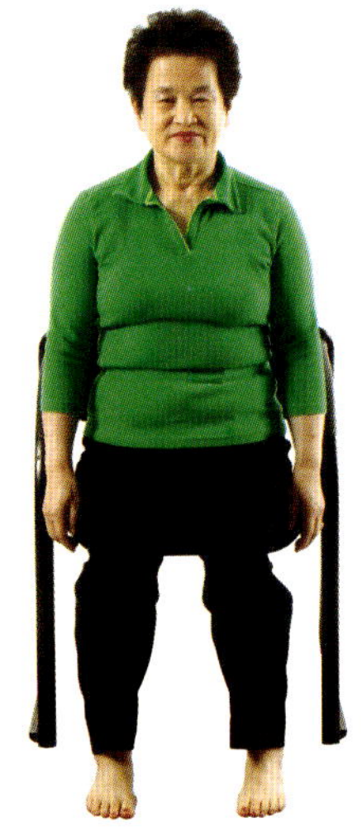

- 옆에서 보았을 때, 귀 뒤에 있는 돌출 된 뼈와 엉치뼈가 일직선상에 오도록 상체를 바르게 세워 줍니다.
- 고관절, 무릎, 두 번째 발가락이 일직선상에 오도록 합니다.
- 두 발을 골반 넓이만큼 벌리고, 발을 11자로 평행하게 합니다.
- 턱과 바닥이 평행이 되도록 턱을 아래로 약간 당기고 시선은 정면을 봅니다.
- 어깨를 뒤쪽으로 약간 젖혀서 가슴을 펴 줍니다.
- 어깨가 귀에서부터 멀어진다는 느낌으로 어깨를 아래로 내립니다.

■ 필라테스 기본 누운 자세

- 바닥에 등을 대고 누워서 무릎을 굽히고, 발을 골반 넓이만큼 벌립니다.
- 고관절, 무릎, 두 번째 발가락이 일직선상에 오도록 합니다.
- 턱을 가슴 쪽으로 약간 당기고 시선은 천장을 봅니다.
- 어깨를 뒤쪽으로 약간 젖혀서 가슴을 펴 줍니다.
- 어깨가 귀에서부터 멀어진다는 느낌으로 어깨를 다리 쪽으로 내립니다.
- 팔은 골반 옆에 놓습니다.

만약, 노인이 오랫동안 서 있어야 할 상황에 접한다면, 되도록 한쪽 다리를 받침대 위에 올려 지지를 받도록 합니다. 이는 골반의 뒤틀림 혹은 기울어짐 현상을 방지할 수 있게 도움을 줍니다. 이런 환경이 가능하지 않고 오랫동안 서 있어야 한다면, 한쪽 다리로부터 다른 쪽 다리로 신체 하중을 이동시키는 동작을 반복합니다. 또한 하중을 발꿈치에서 발가락 쪽으로 이동시키는 발목의 롤링동작을 수행한다면, 다리 근력운동으로 다리의 혈액순환을 증가시켜 혈관 안에 피가 고이거나 머무는 현상을 방지합니다.

■ 받침대 사용하기

■ 무게 중심 이동하기

  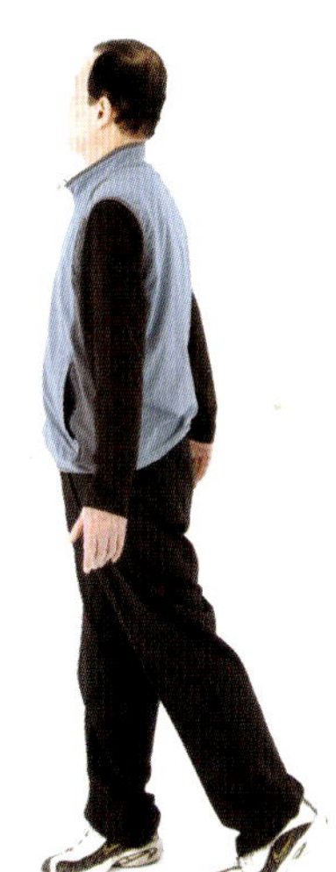

◉ 일상에서 필라테스의 기본자세를 하루에 한번 이상!!

노인들은 나이가 들어감에 따라 근력이 감소하면서 쉽게 피곤해지고 자신의 자세에 대한 인식이 떨어집니다. 이럴 때 7080 골드 필라테스의 올바른 자세로 생활의 활력을 얻도록 하십시오.

평소에 거울을 통해 자신의 자세를 살펴본 적이 있습니까? 올바른 자세를 얻기 위해서는 자신의 자세를 면밀히 검토해야 할 필요가 있습니다. 아래의 질문을 통해 자신의 자세를 진단하도록 합니다.

- 서거나 앉은 자세가 구부정합니까?
- 머리가 몸통보다 앞으로 나와 있습니까?
- 오른쪽 어깨가 왼쪽 어깨보다 올라가 있거나 혹은 내려가 있습니까?
- 양 어깨가 앞으로 말려 있습니까?
- 다리가 안쪽 또는 바깥쪽으로 휘어졌습니까?
- 어깨 근육이 긴장되어 어깨가 위로 솟구쳐 있습니까?
- 걸을 때, 발이 바깥쪽을 향하는 팔자걸음 혹은 안쪽을 향하는 안짱걸음을 합니까?
- 배가 앞으로 많이 나오고 허리에도 통증이 있습니까?

나쁜 자세에 대해여

나쁜 자세는 신체의 불균형을 초래합니다. 예를 들면, 체중이 한쪽 하체 부위(엉덩이, 다리, 무릎, 발목, 발)에 집중되면 골반을 비틀어지게 합니다. 이로 인해, 배는 앞으로 나오고, 요추와 골반에 통증을 유발합니다. 어깨는 앞쪽으로 굽어지고, 가슴과 등 근육에 과도한 부하를 줍니다. 또한 목은 짧아지고, 압력을 받는 머리는 앞쪽으로 나오게 됩니다.

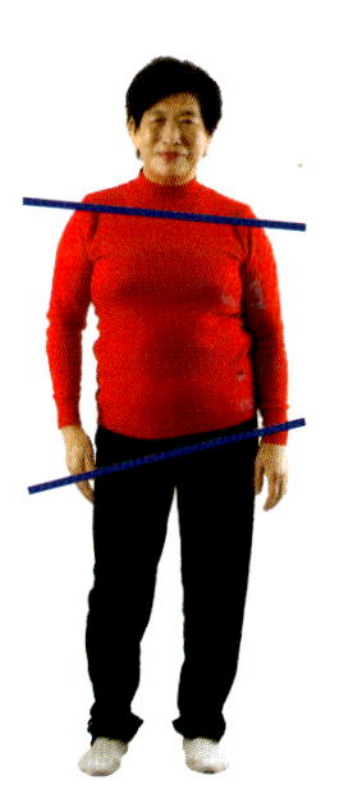

이러한 나쁜 자세들은 스트레스로부터 오기도 합니다. 스트레스는 뇌의 생화학적 변화를 발생시킵니다. 일반적으로 혈액순환장애를 일으키고 칼슘과 젖산이 증가되어 히알루론 산(hyaluronic)을 축적시켜 근육의 긴장도(tone)를 증가시킵니다. 또한, 혈류량 감소로 인한 산소결핍과 에너지원의 감소는 근육세포질세망(sarcoplasmicreticulum)을 손상시키며, 결국 에너지 결핍으로 인한 근 수축을 일으킵니다.

자세를 바르게 하는 필라테스는 근수축의 이완과 근육의 기능을 향상시킬 뿐 아니라 자세유지근을 강화시키므로, 노인들의 노후생활을 즐겁고 건강하게 합니다.

◉ 올바른 자세 습득하기

올바른 자세는 일상생활 또는 운동 중에 중력에 의해 척추에 가해지는 하중을 최소화할 수 있도록 척추 뼈들이 배열된 이상적인 자세를 의미합니다. 이 자세에서 모든 운동이 시작되어야 부상으로부터 가장 안전하기 때문에 이 자세를 편안하게 취할 수 있어야 하며, '척추중립자세'라고도 합니다.

◑ 지평선을 바라보듯이 눈은 약간 위를 응시합니다.

◑ 어깨를 귀로부터 멀리한다는 느낌으로 자연스럽게 내립니다.

◑ 어깨를 약간 돌려 뒤쪽으로 이동시켜 가슴이 넓어지게 합니다.

◑ 두 발의 폭을 엉덩이 넓이만큼 유지하고 엄지발가락이 약간 바깥쪽을 향하게 합니다.

◑ 무릎은 자연스럽게 약간 구부립니다.

◑ 발의 어느 부분에 무게 중심이 머무는지 인식합니다. 신체의 무게중심이 발 표면에 균등하게 분산되도록 인식합니다.

◑ 호흡을 천천히 들이마시고 내뱉습니다. 들숨은 코로하고, 날숨은 입으로 합니다.

Tip

폼롤러 사용으로 중립자세 인식
폼롤러를 이용하면, 필라테스 기본자세를 쉽게 인지할 수 있습니다. 특히, 폼롤러에 머리, 등 그리고 천골을 동시에 닿도록 선다면, 척추의 중립자세, 즉 필라테스의 올바른 자세를 쉽게 찾을 수 있습니다.

머리 등 천골이 폼롤러에 닿을 때, 중립자세를 얻을 수 있습니다.

"Physical fitness is the first requisite of happiness. Our interpretation of physical fitness is the attainment and maintenance of a uniformly developed body with a sound mind fully capable of naturally, easily, and satisfactorily performing our many and varied daily tasks with spontaneous zest and pleasure."

-Joseph H. Pilates

"체력은 행복의 첫 번째 조건입니다. 체력은, 신체를 완벽하고 능력 있게 개발하고 유지하는 것입니다. 자연의 활력과 기쁨을 함께 하면서 마음의 소리에 경청하는 다양한 일상적인 행위를 만족스럽게 수행하는 것입니다."

◉ 척추중립자세 _ Neutral Position

중립자세란 일상생활 또는 운동 중에 중력에 의해 척추에 가해지는 하중을 최소화할 수 있도록 척추 뼈들이 배열된 이상적인 자세를 의미합니다. 이 자세에서 모든 운동이 시작되어야 신체 부상으로부터 가장 안전하기 때문에 이 자세를 편안하게 취할 수 있어야 합니다. 즉 모든 필라테스는 이 중립자세에서 이루어져야 합니다.

일반적으로 중립자세는 필라테스의 누운 자세를 의미하는데, 이는 누운 자세에서 중립자세를 가장 쉽게 습득하고 인지할 수 있기 때문입니다. 다음 필라테스의 중립자세에 대한 설명을 통하여 자신에게 맞는 올바른 중립자세를 찾도록 합니다.

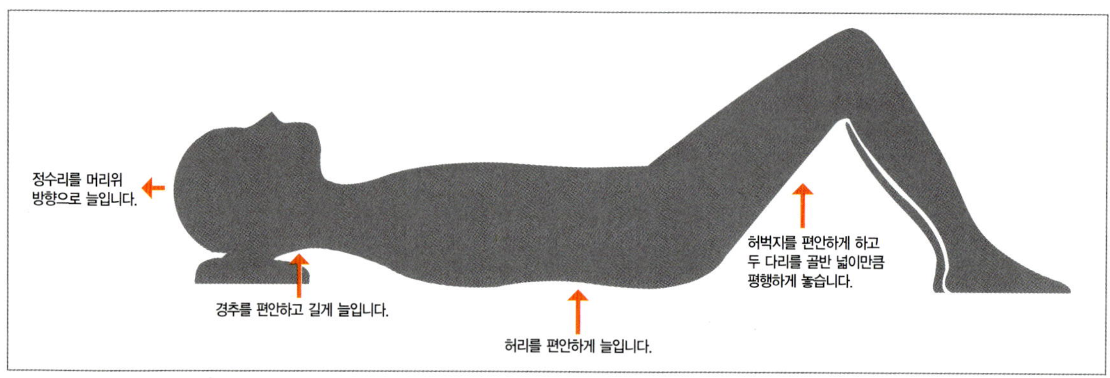

❶ 등을 대고 누워 무릎을 굽혀 발을 바닥에 댑니다. 이 때, 발가락, 발목, 무릎 그리고 골반이 일직선을 이루고, 다리가 서로 평행을 이루어야 합니다. 두 팔은 몸통 옆에 둡니다.

❷ 그대로 턱의 긴장을 풉니다. 허리 부위가 늘어나고, 어깨는 귀로부터 멀어져 부드러워지며, 갈비뼈 아래 부위가 바닥으로 내려앉습니다.

❸ 코로 숨을 들이 마실 때, 흡입한 공기가 갈비뼈 뒤쪽을 따라 들어가면서 갈비뼈 측면을 팽창시킵니다. 이 호흡은 가슴이 위로 과도하게 들리지 않도록 합니다.

❹ 배꼽 아래쪽에 물 컵이 놓여 있다고 상상합니다. 복부근육을 척추 쪽으로 내려, 배 부위를 평평하게 하여 컵의

물이 쏟아지지 않도록 합니다. 복부가 척추 쪽으로 내려갈 때, 골반이 앞쪽 또는 뒤쪽으로 기울어지지 않아야 합니다. 이 상태를 '골반중립(Neutral Pelvic Tilt)'이라고 합니다.

❺ 모든 신체의 긴장을 푼 상태에서, 복부에 집중합니다. 호흡을 깊게 지속적으로 하면서 자세를 유지합니다. 요추 부위가 바닥으로부터 약간 떨어져서 자연스럽게 굴곡을 이루는 상태를 '척추중립(Neutral Spine)'이라고 합니다.

❻ 1~2분 정도 중립자세를 느껴 봅니다. 누운 자세에서 자신의 중립 자세를 인식하도록 합니다. 이 때, 모든 신체 부위의 긴장을 풀고 있되, 호흡과 자세에는 집중된 상태입니다. 호흡은 깊게 등을 따라 채워지지만, 과도하게 가슴 부위가 위로 들어 올려지지 않도록 합니다. 목의 긴장을 풀고, 갈비뼈는 바닥에 편히 놓여 있어야 합니다. 가장 중요한 사항은 복부를 척추 쪽으로 잡아당겨 배를 평평하게 유지하되, 골반이 한쪽으로 치우쳐 있지 않도록 하여, 요추 부위에서의 자연스런 굴곡이 이루어지도록 합니다.

❼ 필라테스의 중립자세는 척추중립과 골반중립을 인지하는데 매우 큰 도움을 줍니다. 누운 자세를 기본으로 서거나 앉은 자세에서 중립자세를 취할 수 있습니다.

● 몸통안정성 _ Torso Stability

올바른 자세를 유지하기 위해서는 몸통의 안정성을 지켜야 합니다. 몸통의 안정성을 지키는 근육은 몸통의 심층근육(Deep Trunk Muscles)과 표면근육(Superficial Trunk Muscles)을 잘 사용해야 합니다.

심층근육은 척추의 올바른 자세를 유지하거나 교정하는데 매우 섬세하게 작용합니다. 이 근육들은 뼈에 매우 근접한 위치에 있고 크기도 작기 때문에 지렛대의 효과가 적어 큰 힘을 쓰기는 어렵습니다. 하지만, 우리가 앉거나 서 있을 때 무의식적으로 머리와 척추를 곧게 유지하고 있는 것은 심층근육의 지속적인 작용과 근육 서로간의 협응력에 의해 이루어지는 것입니다.

표면근육은 피부에 가깝게 위치하고 있습니다. 이 근육들은 덩치가 크고 더 길며 지렛대 작용이 커서 강한 힘을 발휘하여 척추를 신전 또는 굴곡시킵니다.

이 근육들은 지속적으로 작용하지 않습니다. 그러므로 이 두 개 층 근육들을 잘 조화롭게 작용할 수 있는 인식이 필요합니다.

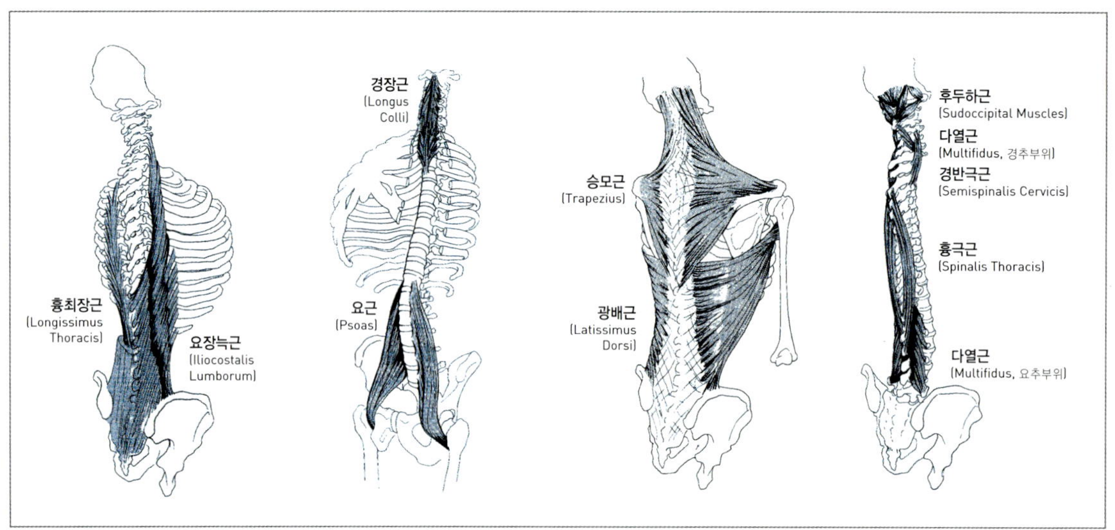

몸통의 안정은 필라테스의 핵심으로, 효율적인 움직임과 기능적인 움직임을 하기 위해서는 몸통을 강화해야 합니다. 몸의 중심부가 튼튼해야 몸의 전체적인 균형이 좋아지고 몸통둘레에 힘이 생기므로 척추와 내부 장기를 보호하면서 동시에 팔다리를 자유롭게 움직일 수 있습니다.

많은 사람들은 운동을 할 때 각각의 동작이 어떻게 시작되는지에 대해 생각하는 사람은 거의 없습니다. 따라서 어설프게 움직이다가 근육의 무리가 가거나 부상위험이 높아집니다.

7080 골드 필라테스는 동작을 할 때마다 몸통의 안정성을 유지하는 중심부 근육을 이용하는 법을 가르칩니다. 척추중립화를 유지시키는 교육으로 자세의 교정이 자연스럽게 이루어집니다. 올바른 자세로 인한 요통 또는 만성 근육통을 줄일 수 있고 몸을 건강하게 보호하고 활기 있게 합니다.

조셉 필라테스(창시자)는 필라테스에서 말하는 몸의 중심부 근육들을 '파워하우스' 라고 불렀습니다. 그 당시 조셉이 신체 파워하우스의 범위가 갈비뼈 아래 부분부터 골반까지 범위라고 한다면, 요즘 현재의 파워하우스는 흉곽부터 골반저까지의 몸통 주변을 감싸고 있는 근육들을 말하며, 옛날보다 더 광대해졌습니다. 특히, 복부근육은 상체 아랫부분을 감싸 지탱하면서 골반과 갈비뼈를 연결합니다. 이 근육들은 척주를 안정시키는 코르셋 역할을 해서 내부 장기를 보호하고 몸통을 구부리거나 비틀 수 있게 합니다.

복부근육의 제일 바깥쪽에 위치하고 있는 복직근은 가장 움직이기 쉬운 근육이지만 복부 깊숙이 있는 내·외 복사근 그리고 복횡근 등은 잘 사용하지 않기 때문에 이를 인지하고, 근육을 통제할 수 있는 교육이 필요합니다. 이 근육들은 매우 약한 근육들이기 때문에 일반적으로 상복부 운동을 할 때, 신경을 쓰지 않습니다. 그러나 필라테스는 항상 몸의 안쪽 근육을 인지하여 바깥 근육을 활성화 시키는 기능적 운동이며, 이 운동의 효율적인 신체 움직임의 효과를 내기 위해 필라테스의 호흡을 함으로써 복부의 4가지 근육을 더욱 강화시키고 인지시킬 수 있다. 또한 중심안정성에 중요한 근육 인 척추기립근, 고관절 굴근, 골반저근 등이 있으며, 이러한 근육들은 복부근육과 함께 신체중심부 를 안정시키는 작용을 합니다. 이 근육들을 인지하고 강화시킨다면 기능적으로 팔과 다리를 쉽게 움직일 수 있다.

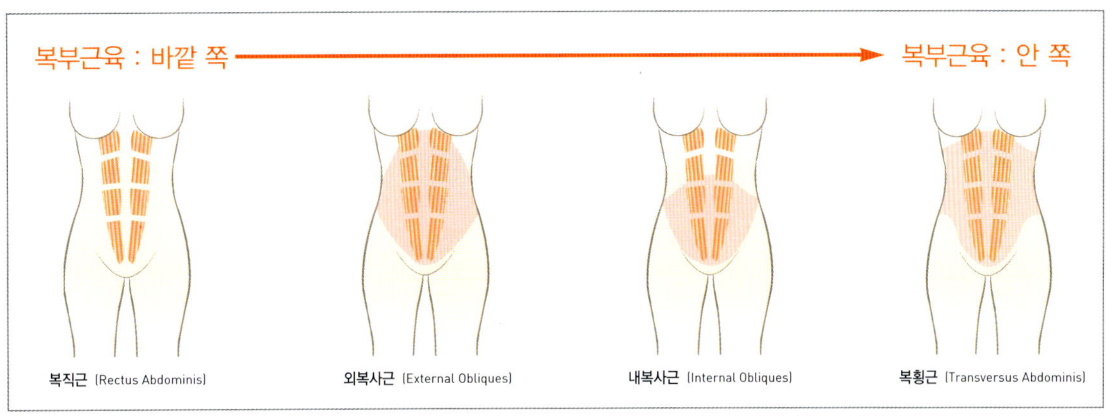

● 어깨안정성 _ Shoulder Stability

어깨관절은 우리 몸 중에서 가장 운동범위가 큰 관절입니다. 어깨관절은 단단한 골격구조가 아니 라 여러 개의 근육들로 구성되어 있어 여러 방향으로 움직일 수 있는 장점을 가지고 있습니다. 만약 어깨관절이 불안정하다면, 어떤 형태로든지 어깨의 통증을 유발하는 병이 생기게 됩니다. 어깨관절 에서 회전근육의 손상, 어깨관절 탈구, 견봉하 충돌 증후군, 유리체, 퇴행성 관절염, 류마티스 관절 염, 상완 이두건의 파열, 관절낭의 파열, 오십견 같은 병들을 일으킬 수 있습니다.

어깨관절을 이루고 있는 뼈는 크게 3가지로, 견갑골(Scapula), 쇄골(Clavicle), 상완골(Humerus) 이며, 견갑골에 있는 움푹 파인 곳에 상완골의 둥그런 머리가 결합되어 있습니다. 그러나 상완골의 무게를 근육과 인대로만 지탱하고 있기에 항상 근육에 많은 무게가 걸려 있으며, 근육이 발달하지 않은 어린이들에겐 탈구가 많이 발생하기도 하고, 움직임을 담당하는 삼각근 등의 근육과 어깨의 안정성 자세를 유지하고 담당하는 회전근개 등의 근육 사이에 밸런스가 무너지면 어깨의 통증을 유 발합니다.

일상생활에서 어깨를 무리하게 사용하거나 잘못 사용하는 일이 비일비재합니다. 이 때문에 어깨근육이 쉽게 뻣뻣하기 뭉치고 통증을 유발시키면서 신체의 다른 부위인 목, 머리까지 통증을 발생하게 합니다. 이러한 통증을 감소시키기 위하여 어깨의 안정성이 필요합니다.

> 견관절 운동 시, 관절의 안정성을 유지해 주는 회전근개(Rotator Cuff)는 어깨 표면의 삼각근 내부에 위치하고, 상완골 근위부에 부착되어, 어깨관절의 회전운동을 시켜주는 4가지 근육(극상근, 극하근, 견갑하근, 소원근)을 총칭합니다. 팔을 움직일 때, 견갑골을 안정적으로 고정하면 팔을 뻗거나 들어 올리는 동작이 한결 수월해 집니다.

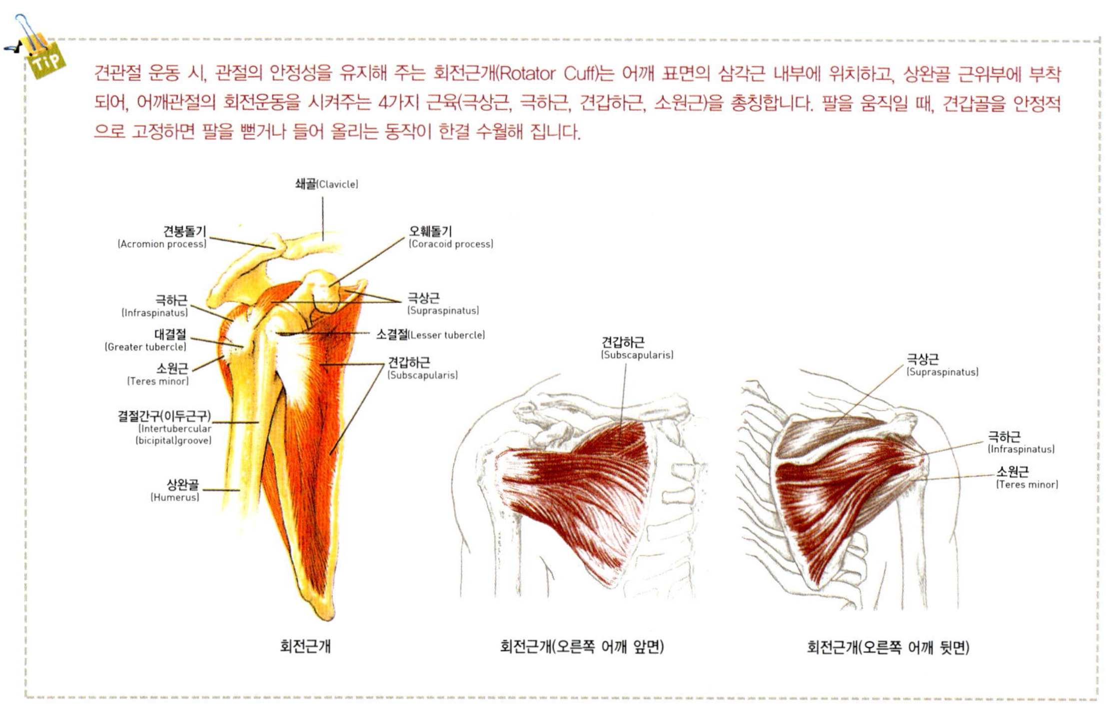

◉ 골반중립 _ Neutral Pelvic

골반중립은 7080 골드 필라테스의 기본자세에서 항상 이루어져야 합니다.

사람의 척추는 곡선입니다. 경추와 요추부분은 앞으로 살짝 휘어있고 흉추와 천추 부위는 뒤쪽으로 휘어 있습니다. 이러한 척추의 곡선은 신체의 무게 분배나 자세를 잡는데 중요한 역할을 하게 되는 것입니다.

바르게 누웠을 때, 척추의 만곡과 곡선을 편안하게 잡아줌으로써 골반의 중립을 인식시켜주도록 합니다. 또한 골반저근 및 파워하우스를 보다 효과적으로 단련할 수 있도록 해주는 자세라고 할 수

Foot Note

· **골반저근** : 골반 밑 바닥에 있는 심부 근육들 (자세한 내용은 47페이지 참조하세요.)　· **파워하우스 (Power House)** : 몸의 중심근육들을 일컫는 말

있습니다. 골반근육과 복부근육을 몸 안쪽으로 당겨주되 머리끝부터 꼬리뼈까지 길게 늘려주어 엉덩이와 갈비뼈 사이에 좀 더 많은 공간을 만들어주도록 합니다. 호흡과 함께 갈비뼈의 양쪽을 최대한 크게 열었다 닫았다를 반복하며 편안하게 몸의 긴장을 풀어 서 있을 때와 같은 몸의 곡선을 유지하며 골반의 자세를 바로 잡아주도록 합니다.

골반중립에 대한 이해를 위해서는 몸과 해부학의 이해가 필요합니다. 드러누워서 무릎을 구부리고 발을 평평하게 매트 바닥에 댈 때 골반중립을 느낄 수 있습니다.(그림 A) 이 때, 척추는 목과 허리(각각 경추와 요추)가 마루에 닿지 않아야 합니다. 골반중립을 시각화하는 방법은 아랫배에 물그릇을 올려놓고 중심을 잡는다고 생각하면 됩니다. 중립위치에 있다면 그릇은 엎질러지지 않을 것이며 골반이 앞으로 기울거나(허리가 마루에서 지나치게 떨어진 경우(그림 B)) 뒤로 기울면(허리가 마루와 평평한 경우(그림 C)) 엎질러질 것입니다. 꼬리뼈는 매트에 닿아야 합니다. 골반중립은 치골(Pubic Bone)과 정상방장골극(ASIS)이 동일면에 있는 상태로 정의됩니다. 누운 상태에서 손가락으로 이러한 뼈의 경계를 느낄 수 있습니다. 골반이 중립일 때 삼각형 모양의 뼈는 그릇을 평평하게 받쳐야 합니다. 우리가 척추중립에 주의하는 이유는 이것이 서 있을 때 가장 바람직한 자세이기 때문입니다. 척추가 중립일 때 자연스런 곡선형태가 나타납니다. 그 곡선형태가 달리고 뛰고 걸을 때 생기는 충격을 흡수하여 일상생활에서 근육과 뼈의 무리를 최소화할 수 있습니다. 이러한 골반의 바른 자세는 현대인에게 가장 많이 나타나는 척추질환인 측만증과 후만증 같은 척추의 휘어짐을 방지하는데 중요한 역할을 합니다. 그러므로 자세교정은 노인들의 노후생활을 질적으로 향상시키는데 도움이 될 것입니다.

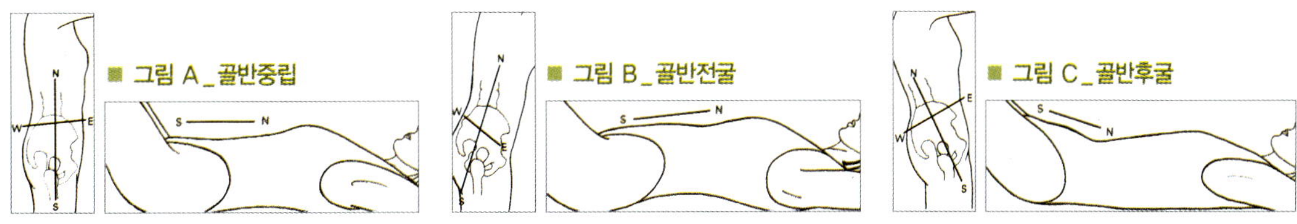

◉ 골반저근 _ Pelvic Floor

골반저근은 골반 바닥영역 안에 있는 근육들의 통칭으로 복부의 끝부분에 연결되어 내부 장기들을 지탱하는 역할을 합니다. 이 근육은 중심안정성의 기초가 되는 특히 중요한 근육이며, 가슴뼈와 연결이 되어 상호작용을 해서 호흡기능에도 영향을 미칩니다. 골반저근도 마찬가지로 평소에 운동을 하지 않으면 약해져서 탄력이 없어지므로 자세가 흐트러지고 배가 나오며 직장, 방광, 그리고 여성의 경우 질을 통제하는 근육이 약해집니다. 그로인해 요통과 요실금 현상이 나타납니다.

골반저근 운동은 호흡훈련과 복근운동을 병행할 때 골반저근 강화와 척추안정화에 더욱 효과적인 것으로 나타났으며(송창호, 2004), 골반저근 운동을 할 때는 해부학적 특성을 고려해야 합니다(Moore, 1999).

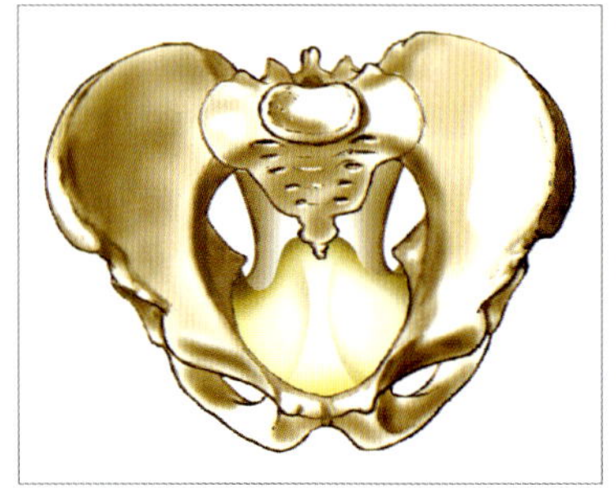

↑ **골반저근을 위에서 아래로 본 그림**

골반저근 운동을 처음 고안한 케겔(Kegel, 1948)과 그 외의 여러 연구에서는 이런 해부학적 특징을 고려하지 않고 괄약근을 수축하는 운동을 중심으로 시행하므로 운동방법에 한계가 있습니다. 골반저근의 정지부와 기시부의 운동을 고려하여 골반저근 전체가 아닌 근육섬유 방향에 따른 분리된 운동방법을 하여야 합니다. 또한 골반저근의 기능을 정확히 인식시켜 골반저근의 운동을 잘 수행하도록 하고 각 섬유를 고르게 발달시키므로 효율적인 운동을 하도록 해야 합니다.

골반저근은 골반이 똑바로 중립자세로 서 있고 무게중심이 될 때 최적의 기능을 발휘합니다. 아래 그림A와 같이 골반저근의 균형이 잘 잡혀 있으면 골반과 관련된 복부의 기관들이 골반 영역의 중앙에 위치합니다. 그러나 그림B 골반저근처럼 약해서 늘어나게 되면 처지게 되고 골반대 밑의 출구를 통해 복부의 기관이 내려앉아 더 이상 복부의 기관들을 받칠 수 없게 됩니다.

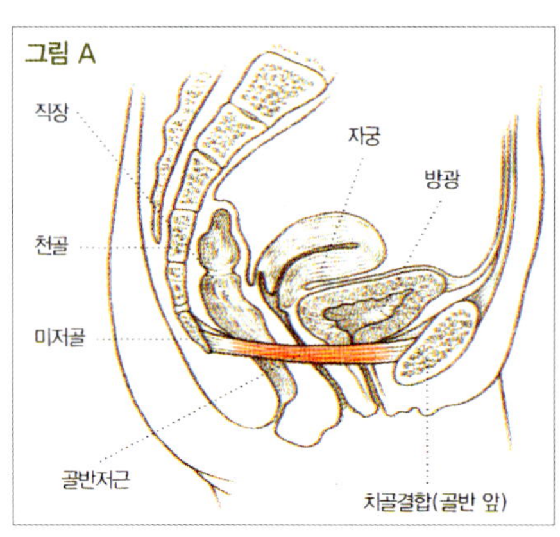

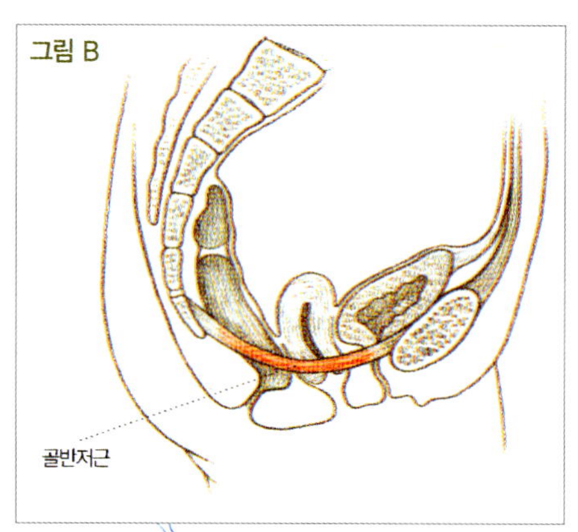

TIP

골반저근 인지 방법
소변을 볼 때, 소변 줄기를 멈추면 골반저근을 느낄 수 있습니다.

■ 골반저근의 해부 및 기능

골반저 부분은 3층으로 구성되어 있습니다. 내골반 근막(Endopelvic Fascia), 골반가로막(Pelvic Diaphragm), 빈뇨 생식 가로막(Urogenital Diaphragm)

❶ 내골반 근막(첫 번째 층)_Endopelvic Fascia

내골반 근막은 벽 쪽 골반 근막과 내장 쪽 골반 근막이 있으며, 평활근 섬유와 인대, 신경, 혈관과 연부 조직이 서로 그물처럼 엉켜있습니다. 벽 쪽 골반 근막과 골반의 안쪽 벽을 싸는 근막으로 배가로 근막과 장골 근막의 연장선상으로 속 폐쇄 근막과 골반 격막 위의 근육을 말합니다. 내장 쪽 골반 근막은 복막 바깥근막이 연장되어 골반과 장기 사이를 채우고 혈관집을 감싸는 집을 형성합니다(정인혁, 1992). 첫 번째 층은 수의적인 운동을 할 수 없기 때문에 훈련을 할 수 있는 구조가 아닙니다.

❷ 골반 가로막(두 번째 층)_Pelvic Diaphragm

이 근육들을 훈련시키는 것은 방광과 자궁의 지지율을 증가시킴으로써 요통을 완화시키고, 반대쪽을 지지하고 있는 인대의 과도 긴장을 완화시켜 줍니다. 출산 시에 내골반 근막(Endopelvic Fascia)이 손상되어 장기를 지지하는 기능에 문제가 발생되면 골반저근이 대신 그 역할을 하게 됩니다.

두덩꼬리근(Pubococcygeus Muscle)	치골로부터 나와 꼬리뼈로 이어집니다. 수축이 꼬리뼈 끝의 가장자리에서 느껴집니다.
두덩곧창자근(Puborectalis Muscle)	섬유들은 앞 쪽으로 수축하여 소변과 대변을 자제시키는 직장주위의 매우 중요한 근육이며 대변을 볼 때 이완되어 직장과 항문의 경계가 더 곧게 되도록 하여 배변을 하게 됩니다.
엉덩꼬리근(Iliococcygeus Musccle)	근육의 일부는 한쪽에서 다른 한쪽으로 지나가기도 하고 어떤 섬유들은 비스듬한 방향으로 지나가기도 합니다. 이 근육은 항문을 올리는 운동에 직접적으로 작용하지는 않습니다.
두덩질근(Pubovaginalis Muscle)	여성에게만 존재하며, 질 주변 고리 모양의 근육입니다. 이 섬유들은 앞 쪽에서 뒷 쪽 방향으로 지나갑니다.
꼬리근(Coccygeus Muscle)	엉덩이 꼬리근과 가까이에 위치하고 천장골 관절의 안정 시에 영향을 줍니다. 이 근육의 비정상적인 긴장도는 천장골 관절이 불안정한 원인이 될 수 있습니다.

하 요도 삼각 부위에 있는 근육 층은 밑바닥에서 골반 장기들을 지지하는 역할을 합니다(Gosling, 1981). 이 중 항문 올림근은 골반저근 부분을 형성하는 가장 중요한 근육입니다.

항문 올림근은 골반 속 모든 기관들을 지지할 뿐만 아니라 밤에 배뇨를 자제할 수 있도록 도와줍니다. 항문 올림근은 높은 휴식 긴장도를 가지고 있는 다른 골격근들과는 다릅니다. 이 근육은 음부 신경의 지배를 받으며, 기침을 하거나 재채기를 할 때, 억제를 유지하기 위해서 빠르게 수축해야 합니다(Carriere, 2002).골반저근은 70%의 지근섬유와 30%의 속근섬유로 구성되어 있어 이런 작용이 가능합니다(Gosling, 1981). 또한 근육 섬유가 여러 가지 다른 방향으로 부챗살처럼 퍼져있어 여러 방향으로 장력이 작용됩니다(Heller, 2002).

❸ 비뇨생식 가로막(세 번째 층)_Urogenital Diaphragm

아래와 같은 근육들은 성기능을 위해서는 중요하지만 골반 속의 기관들을 지지하는 기능은 없습니다. 상 요도 삼각을 형성하고 여러 가지 근육들로 이루어져 있습니다.

깊은살가로근 (Deep Transverse Perineal Muscle)	배변자제를 위해 매우 중요하고 항문 올림근의 기능을 도와줍니다.
항문요도고리 (Sphincter Uretha Loops)	남자와 여자의 요도 주위에 항문 요도고리(sphincter uretha loops)를 형성하고 자제를 보조합니다. 수의적으로 조절이 가능하고 이 근육의 섬유들은 좌에서 우로, 가로로 형성되어 있습니다.
얕은살가로근 (Superficial Transverse Perineal Muscle)	깊은살가로근의 활동을 보조합니다. 섬유들은 가로로 곧게 뻗어 있습니다.
궁둥해면체근(Ischiocavernous Muscle)	섬유는 비스듬하게 뻗어 있습니다. 음핵 발기에 작용합니다.
항문조임근(Anal Sphincter Muscle)	둥근 원처럼 항문 주위에 고리를 형성하고 있으며 직장의 자제에 관여합니다.

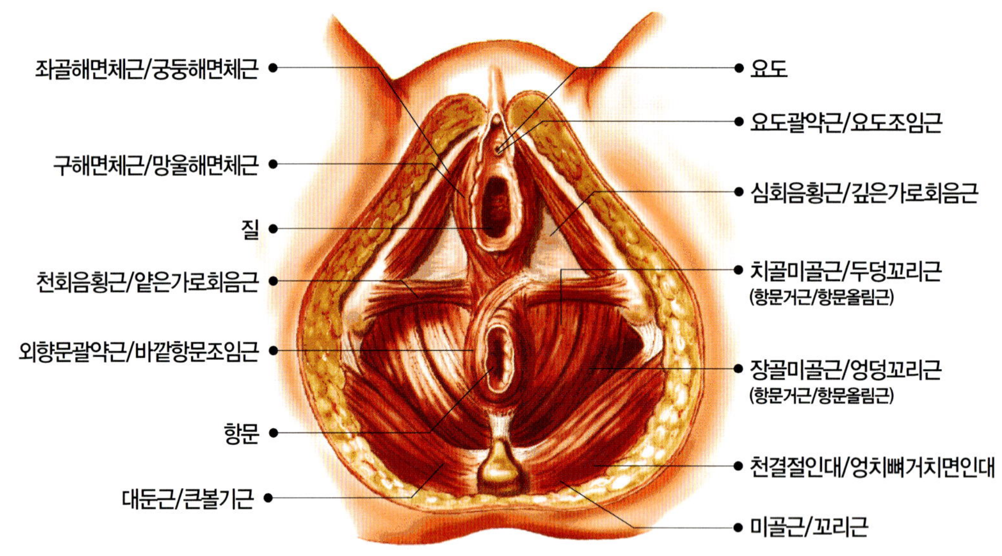

◉ 골격과 근육구조의 이해

　인간의 몸에 골격과 근육이 없다면 일상생활이 어떨지 생각해 본다면, 연체동물과 같이 서 있을 수 없고 매우 천천히 움직일 것입니다. 인간의 골격은 사람을 서 있을 수 있게 하고 뼈와 뼈 사이의 관절을 빠르게 움직일 수 있게 합니다.

　뼈는 인체 생리학적, 역학적 기능에서 본다면, 우리 몸을 지지, 보호, 운동하게 하며, 신체 조혈작용으로 혈구를 생산합니다. 또한, 우리 몸의 구조 및 기능과 관련된 화학요소인 무기질의 저장소로써의 기능을 하므로 신체 건강상의 혜택을 볼 수 있는 것입니다.

　골격계의 뼈들은 관절에서 서로 연결되어, 관절에 큰 움직임의 범위, 약간의 유동성, 고정을 해주는 역할을 합니다. 관절들의 기능과 구조는 각각 따로 분류되어 있으며, 관절의 안정성은 뼈와 뼈의 조합, 관절 연골, 섬유질 연골판, 인대, 근육과 건들에 영향을 받습니다.

　골격근은 근 골격계의 운동과 활동하는 힘의 원동력입니다. 힘은 인체의 사지를 움직이고 관절의 경직을 나누어집니다. 근육은 또한 열을 생산하고 신체나 기관을 보호하고 압력을 변화시킵니다. 이렇게 근 골격계의 특징을 파악하여, 올바른 자세에서 자신에게 맞는 올바른 운동 프로그램으로 신체를 기능적으로 움직일 수 있어야 합니다. 그로인해 자신의 건강을 지킬 수 있습니다.

Foot Note

· **조혈작용** : 혈액 속의 혈구(血球)가 만들어지는 과정.　　　· **혈구** : 혈액 속에 함유되어 있는 적혈구 · 백혈구 · 혈소판 등의 세포성분.

· **관절** : 2개 또는 그 이상의 뼈가 움직일 수 있는 구조로 맞닿아 있는 결합방식.

· **인대** : 척추동물의 뼈와 뼈를 서로 연결하는 조직.

■ 인체해부도

골격과 기본적인 근육구조를 알아 두면, 필라테스 동작을 할 때 몸이 어떻게 움직이는지 이해하는 데 도움이 됩니다.

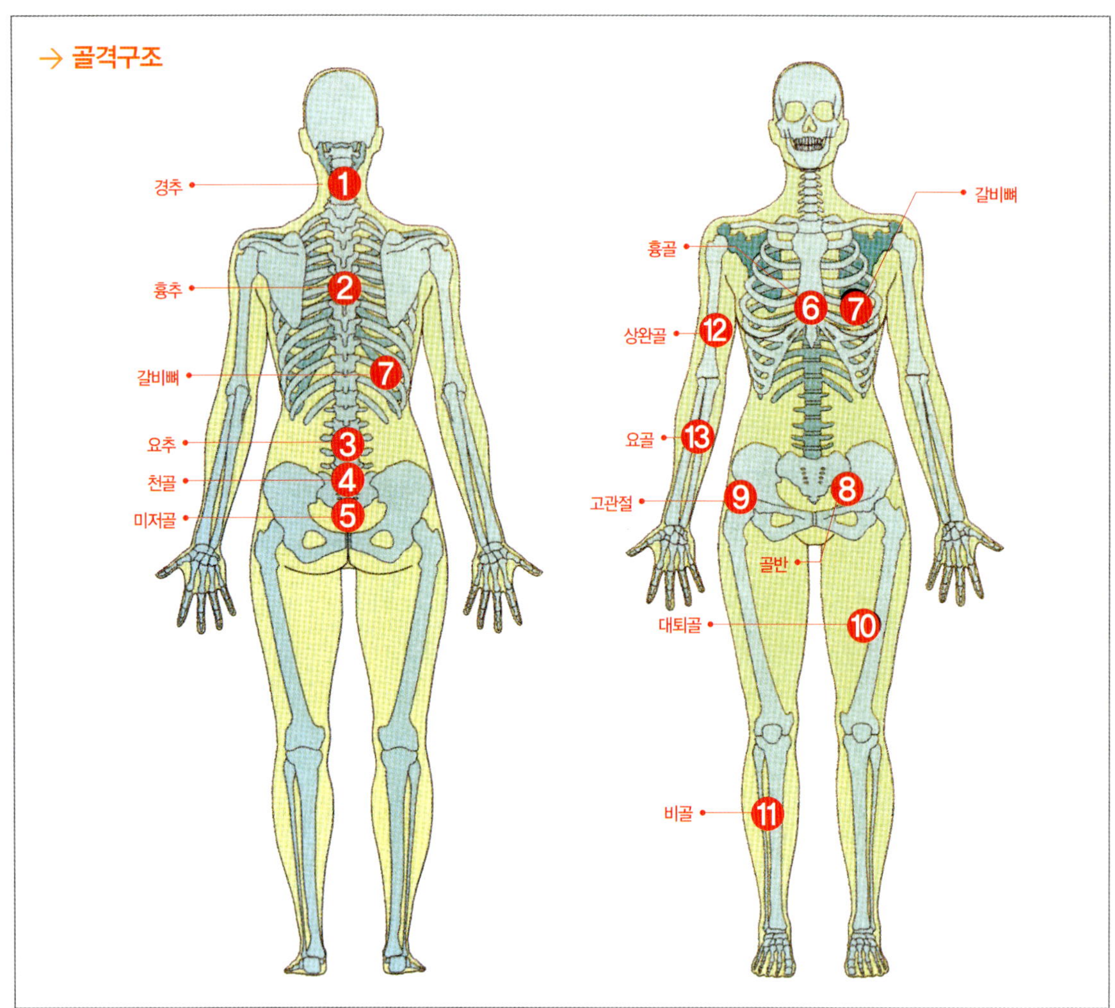

❶ **경추** – 목뼈 7개. 척추 맨 윗부분에 있는 뼈

❷ **흉추** – 등뼈. 갈비뼈 12쌍은 흉추에 연결

❸ **요추** – 허리뼈 5개. 몸통의 중심을 떠받침

❹ **천골** – 엉치뼈. 성인이 되면서 5개에서 1개로 됨

❺ **미저골** – 꼬리뼈

❻ **흉골** – 가슴뼈. 갈비뼈 10쌍이 흉골에 연결됨

❼ **갈비뼈** – 몸 안의 중요 장기를 보호함

❽ **골반** – 천골, 좌우 궁둥이뼈로 형성

❾ **고관절** – 대퇴골과 골반의 연결

❿ **대퇴골** – 넓적다리뼈

⓫ **비골** – (종아리뼈)과 경골(정강이뼈)

⓬ **상완골** – 위팔뼈. 팔 위 쪽에 있는 뼈

⓭ **요골** – (노뼈)과 척골(자뼈). 팔 아래 쪽에 있는 뼈

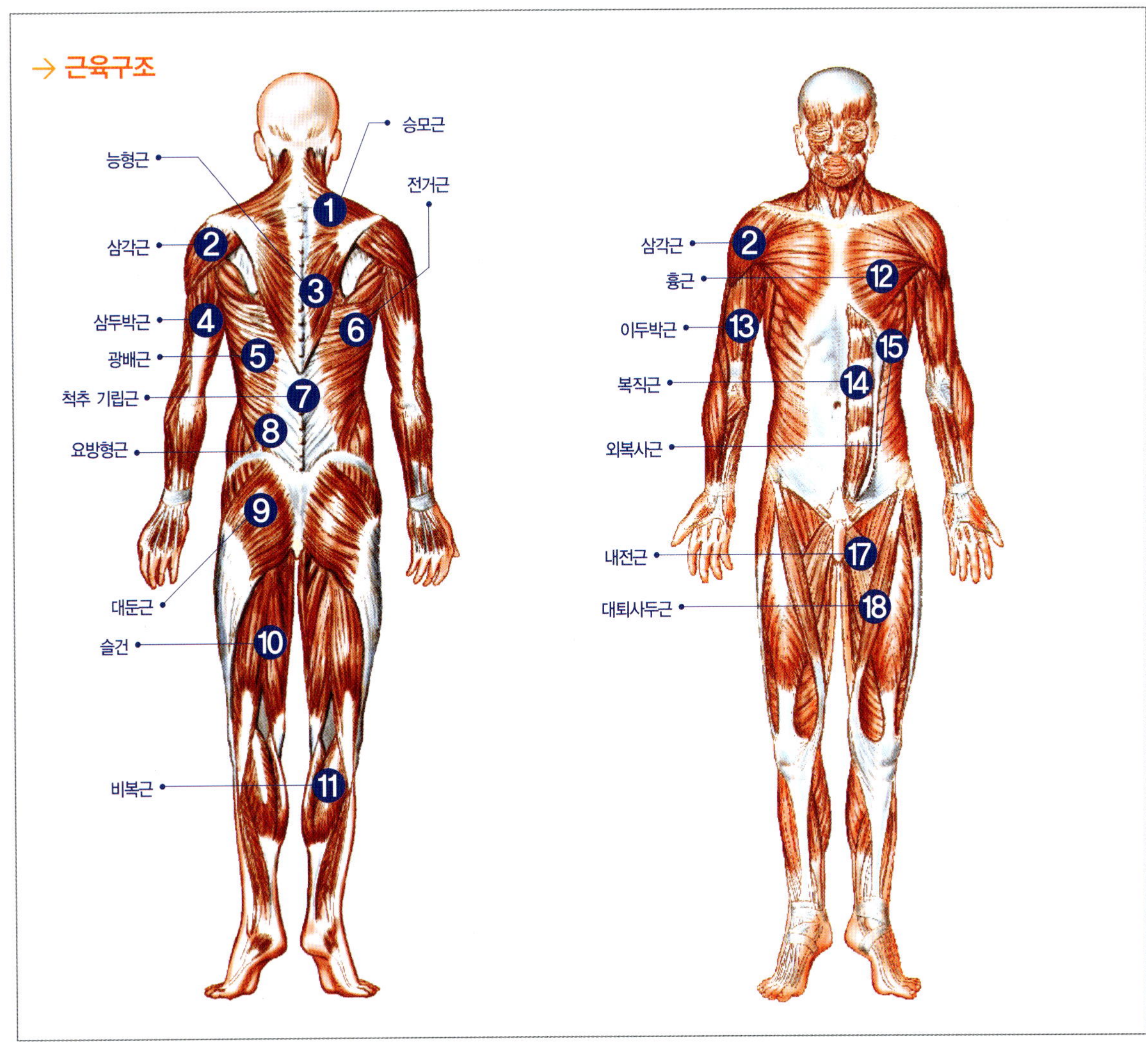

❶ **승모근** – 뒤 목에서 시작해 어깨를 따라 내려가는 근육. 머리, 목, 어깨뼈를 움직일 때 사용

❷ **삼각근** – 어깨와 팔 위 쪽을 둘러싼 근육

❸ **능형근** – 어깨뼈를 척추에 연결시키는 근육

❹ **삼두박근** – 팔 위 쪽에 있는 근육

❺ **광배근** – 가슴중간부터 허리까지 이어주는 근육

❻ **전거근** – 어깨뼈를 갈비뼈 쪽으로 잡아당기는 근육

❼ **척추기립근** – 척추 양 쪽을 따라 내려가는 근육

❽ **요방형근** – 허리근육

❾ **대둔근** – 엉덩이 근육

❿ **슬건** – 허벅지 뒤 쪽근육

⓫ **비복근** – 종아리 근육

⓬ **흉근** – 팔을 몸 쪽으로 끌어당기는 근육

⓭ **이두박근** – 팔 위 쪽에 있는 근육

⓮ **복직근** – 왕자근육

⓯ **외복사근** – 몸통 옆 쪽을 따라 비스듬히 이어지는 근육

⓰ **요근** – 엉덩이 굽힘 근육

⓱ **내전근** – 허벅지 안 쪽 근육

⓲ **대퇴사두근** – 넓적다리 네가래근육

■ 신체 관절의 움직임

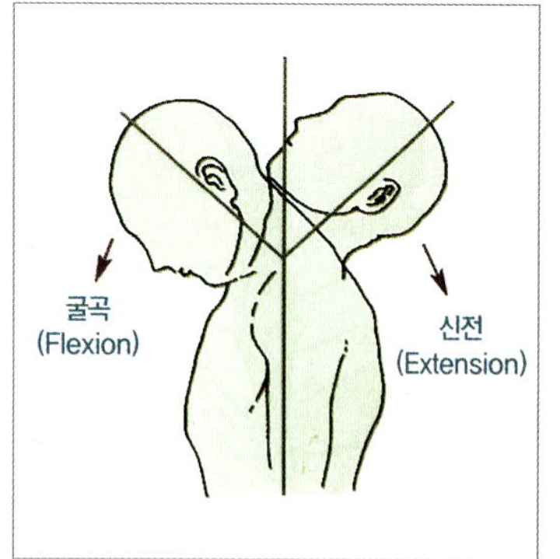

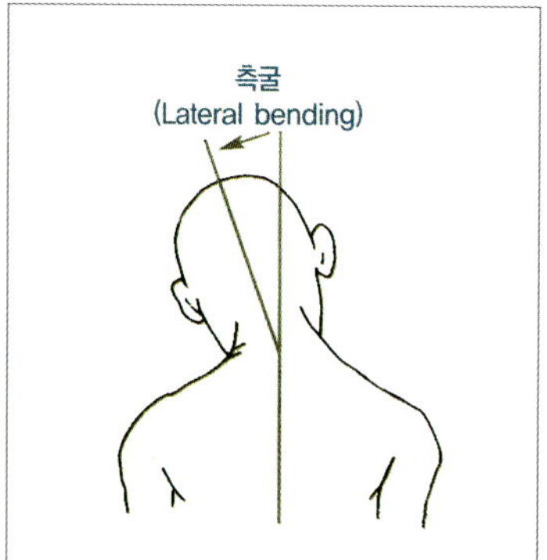

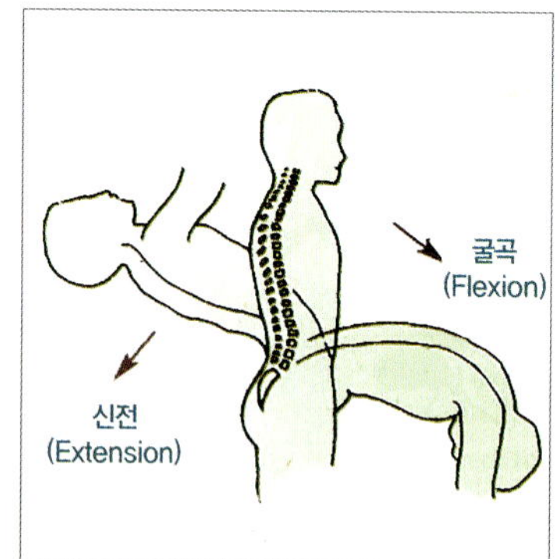

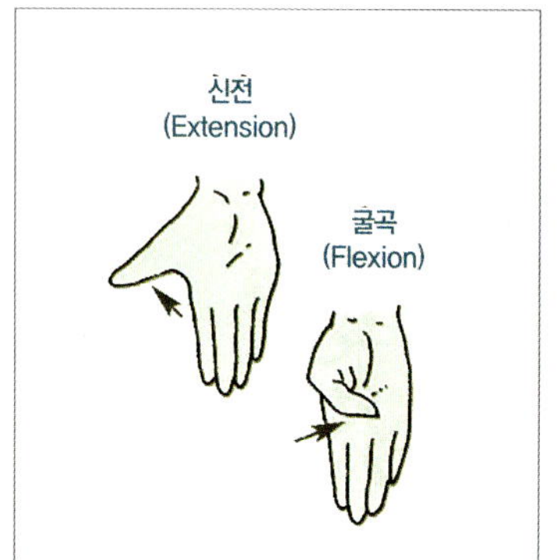

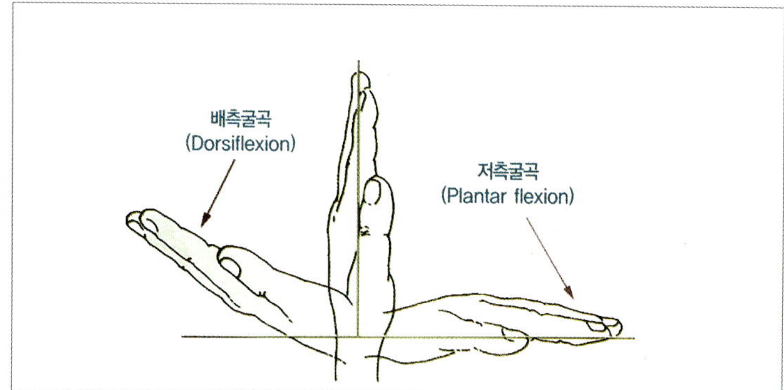

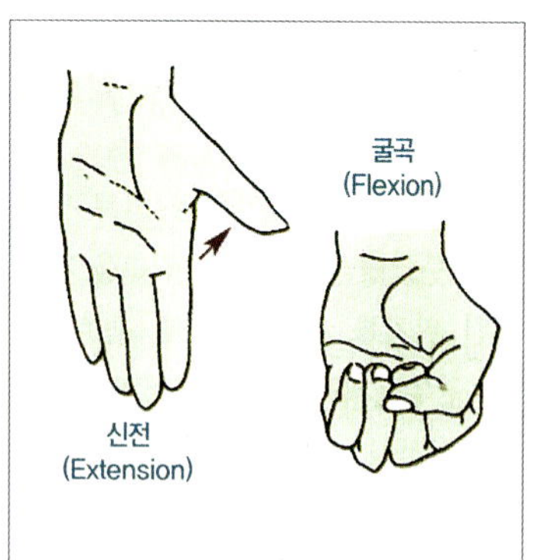

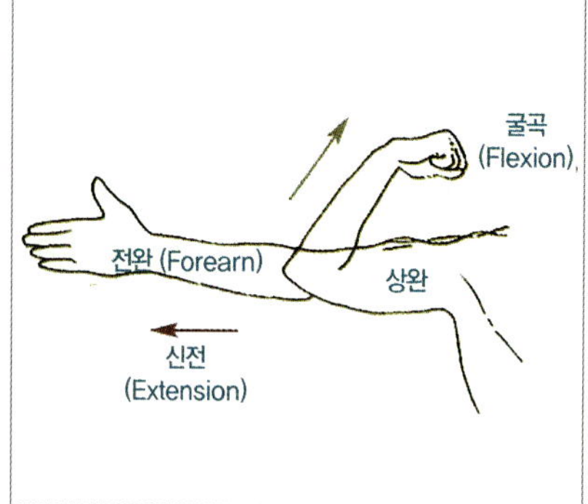

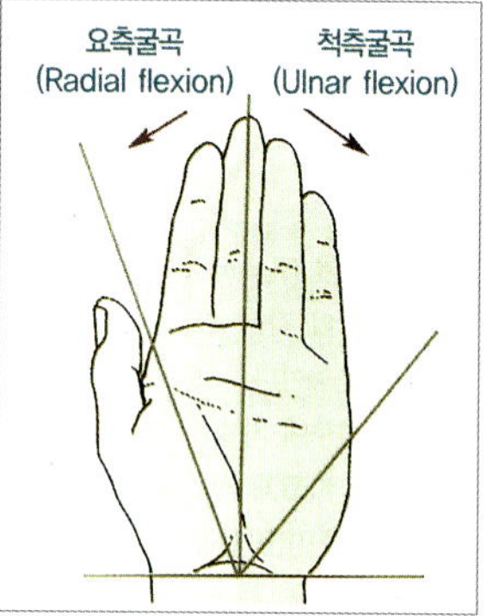

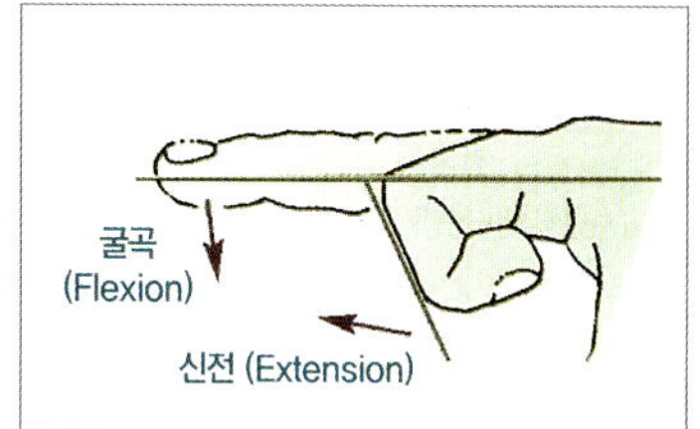

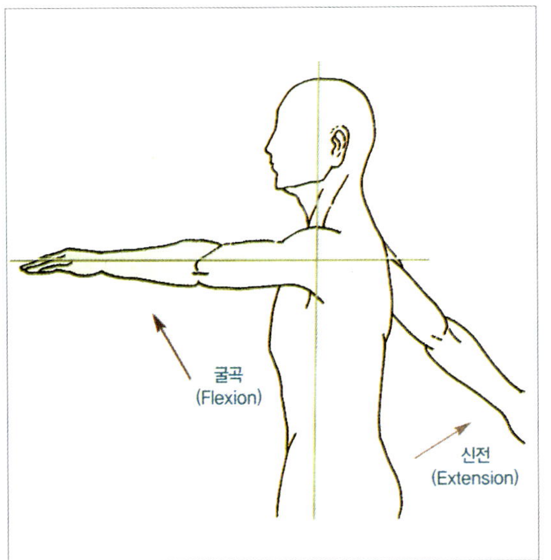

굴곡
(Flexion)
신전
(Extension)

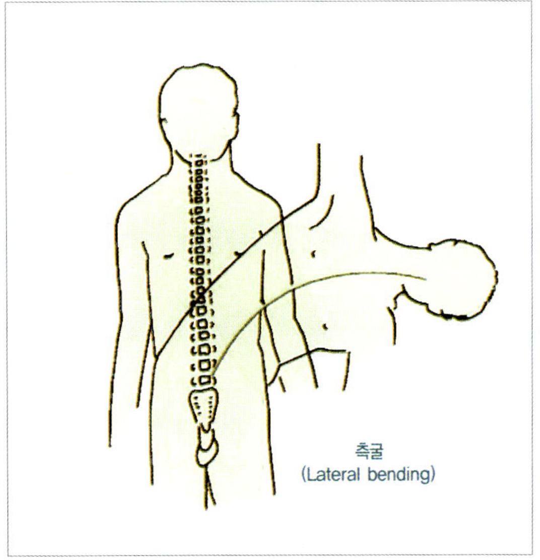

측굴
(Lateral bending)

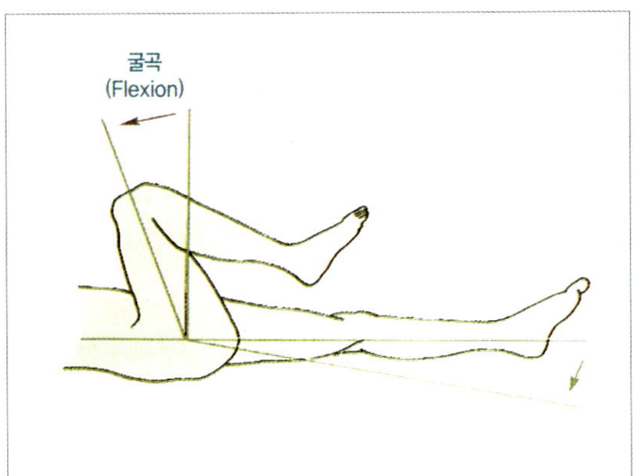

굴곡
(Flexion)

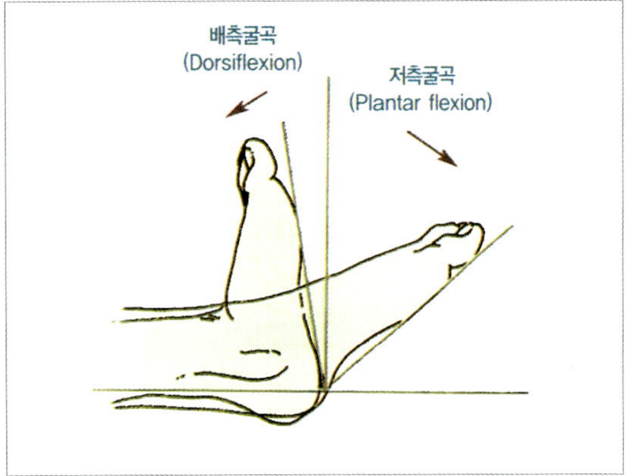

배측굴곡
(Dorsiflexion)
저측굴곡
(Plantar flexion)

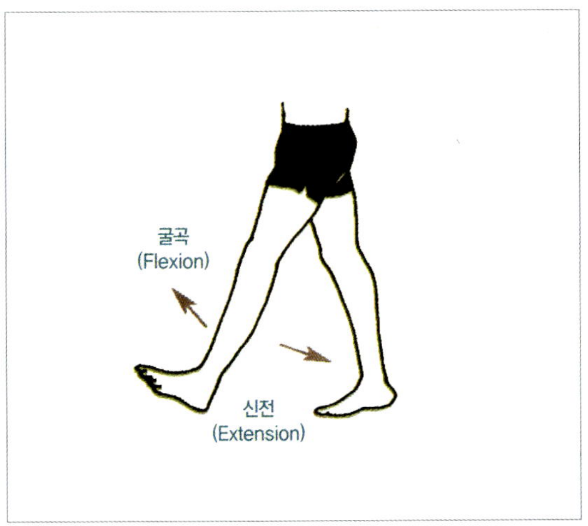

굴곡
(Flexion)
신전
(Extension)

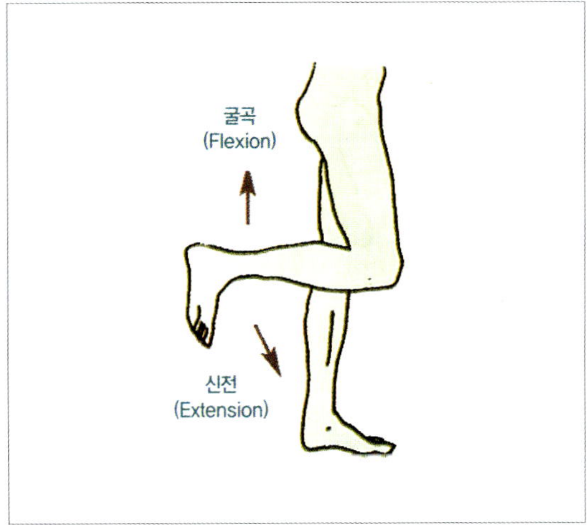

굴곡
(Flexion)
신전
(Extension)

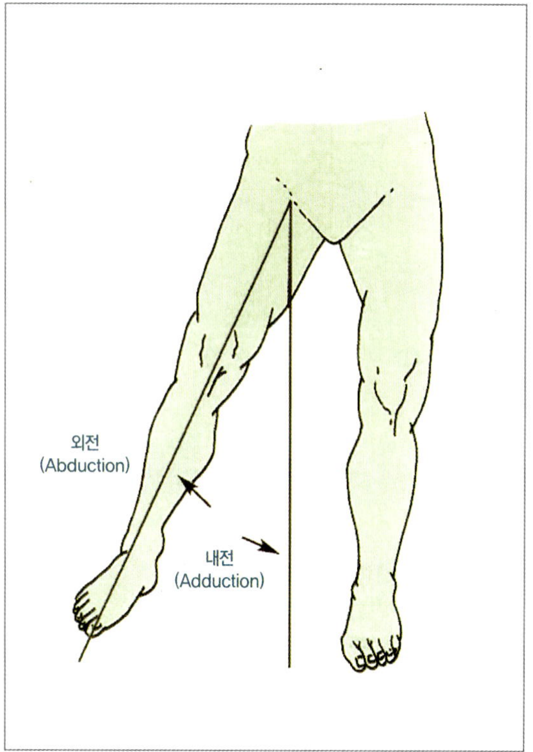

외전
(Abduction)
내전
(Adduction)

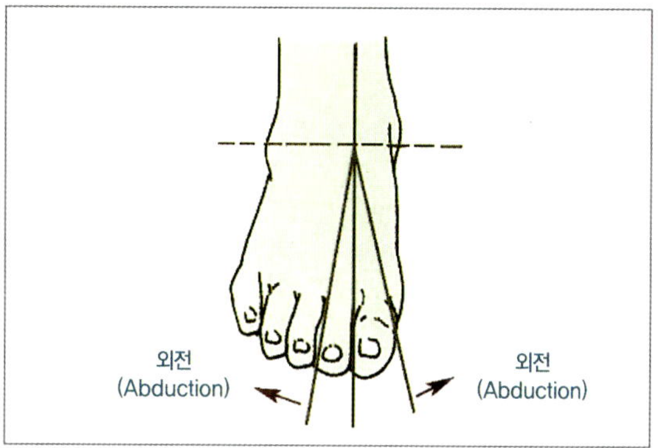

외전
(Abduction)
외전
(Abduction)

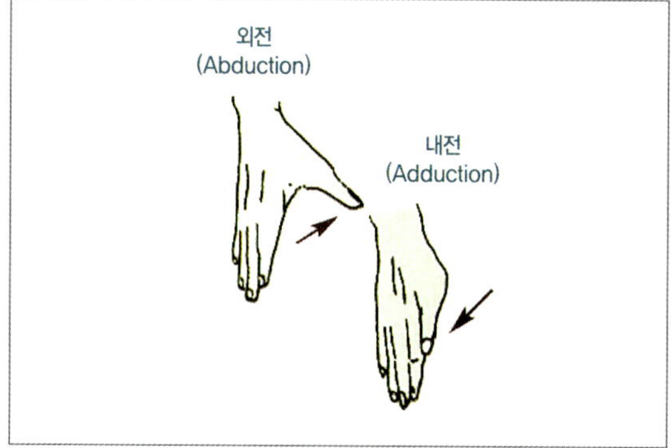

외전
(Abduction)
내전
(Adduction)

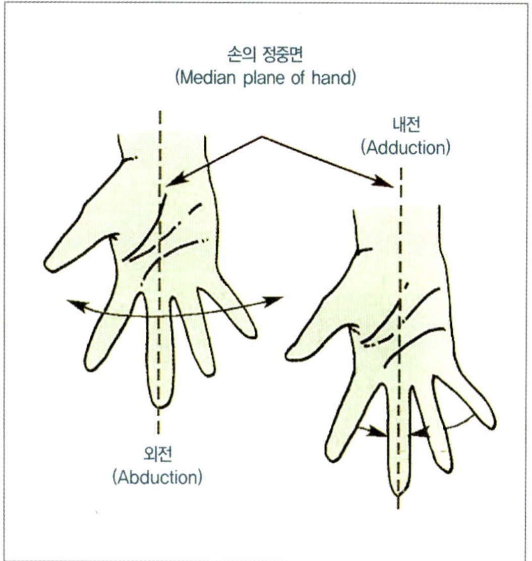

손의 정중면
(Median plane of hand)
내전
(Adduction)
외전
(Abduction)

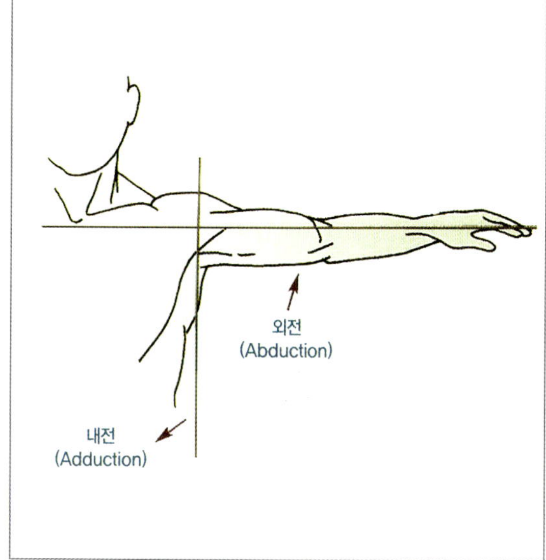

외전
(Abduction)
내전
(Adduction)

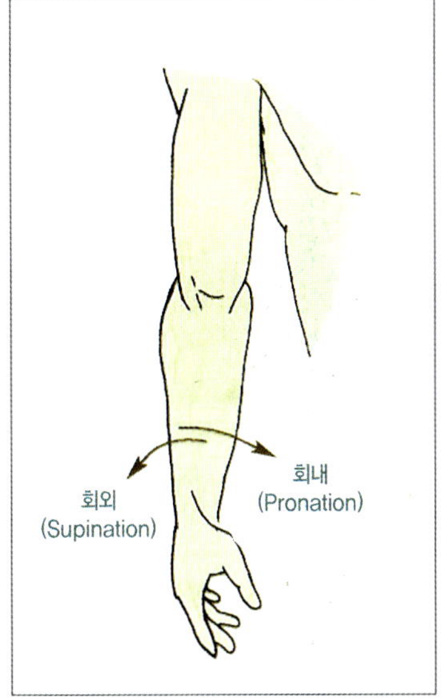

회외
(Supination)
회내
(Pronation)

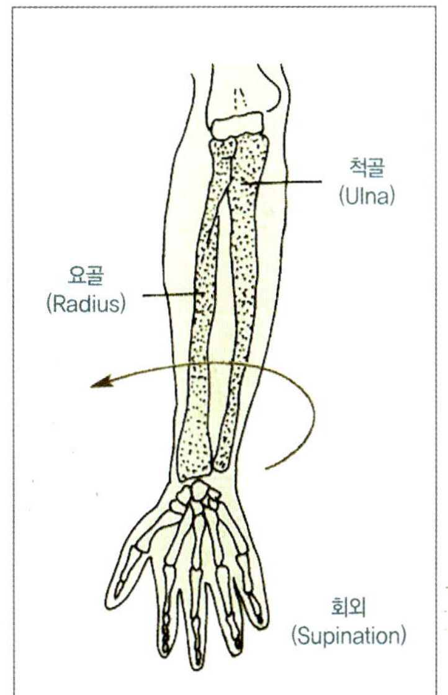

척골
(Ulna)
요골
(Radius)
회외
(Supination)

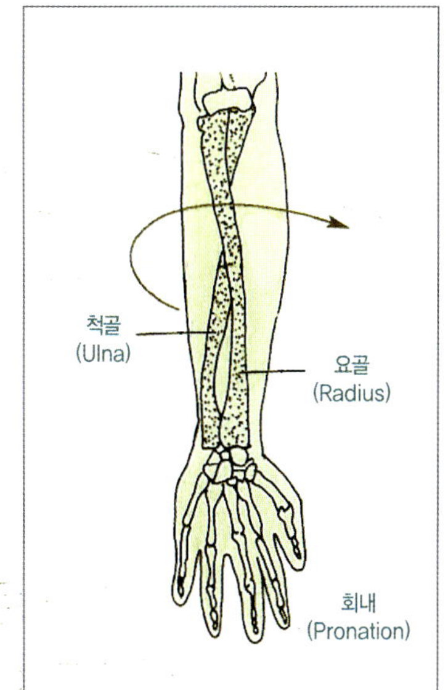

척골
(Ulna)
요골
(Radius)
회내
(Pronation)

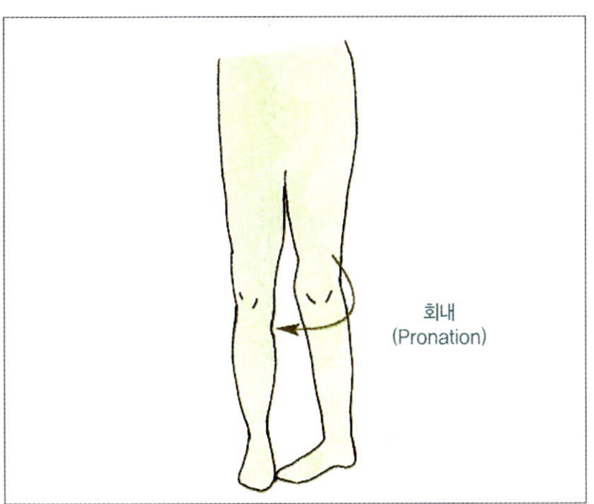

회내
(Pronation)

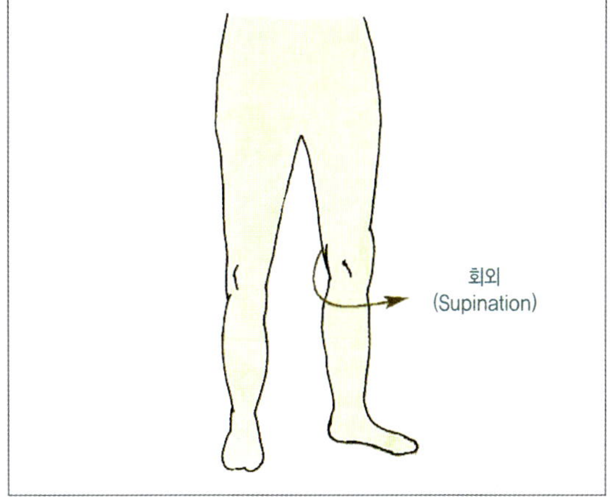

회외
(Supination)

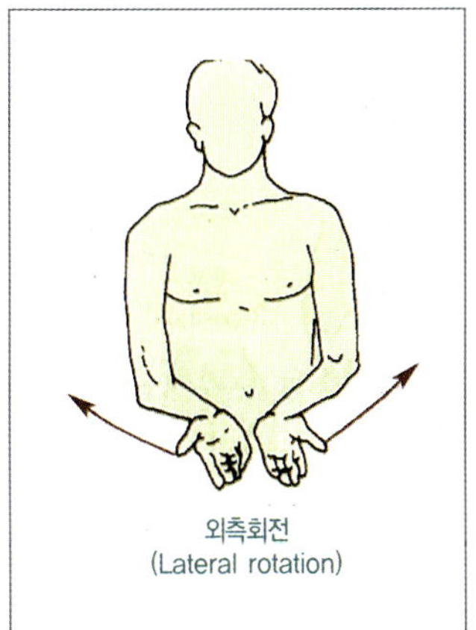

외측회전
(Lateral rotation)

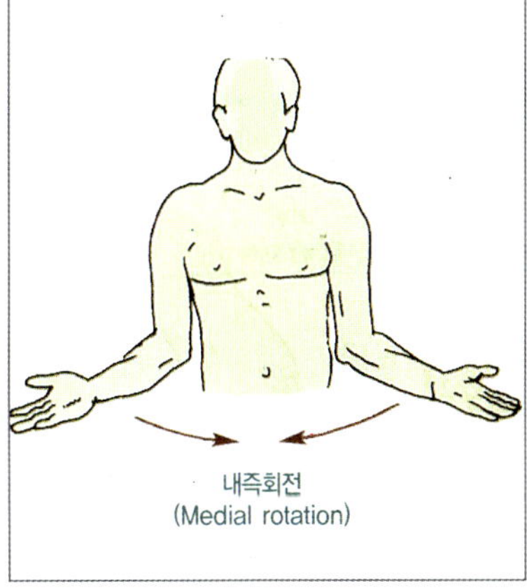

내측회전
(Medial rotation)

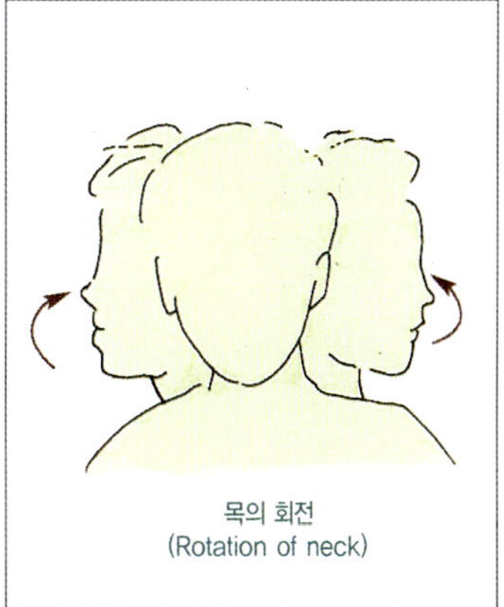

목의 회전
(Rotation of neck)

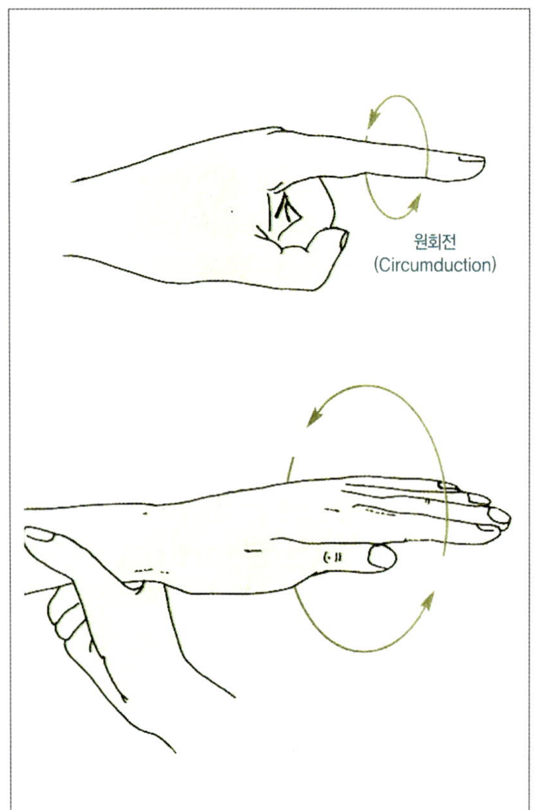

원회전
(Circumduction)

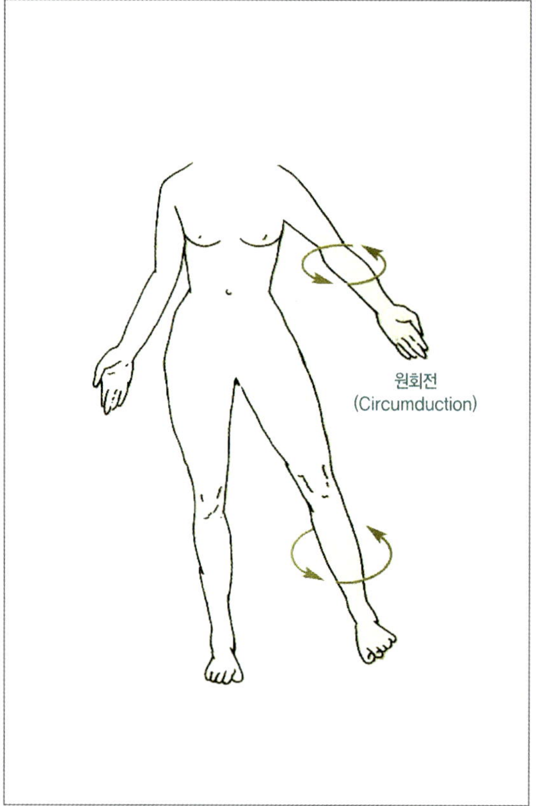

원회전
(Circumduction)

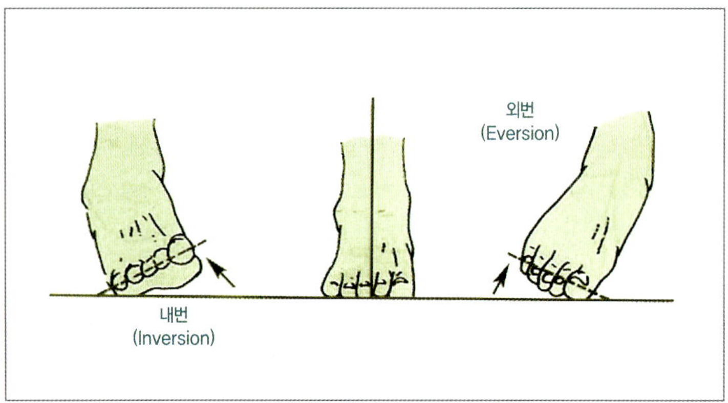

외번
(Eversion)
내번
(Inversion)

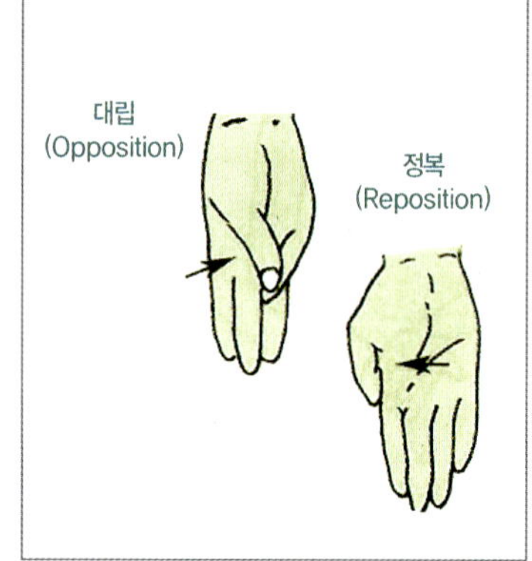

대립
(Opposition)
정복
(Reposition)

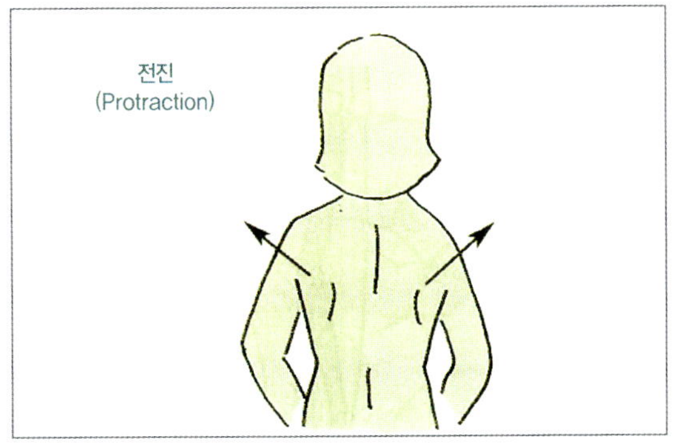

전진
(Protraction)

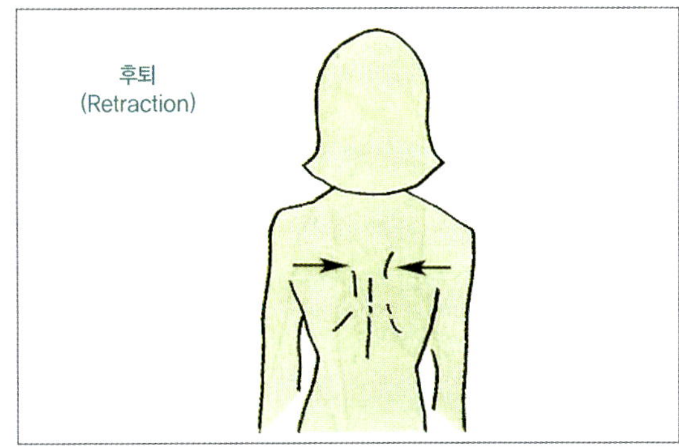

후퇴
(Retraction)

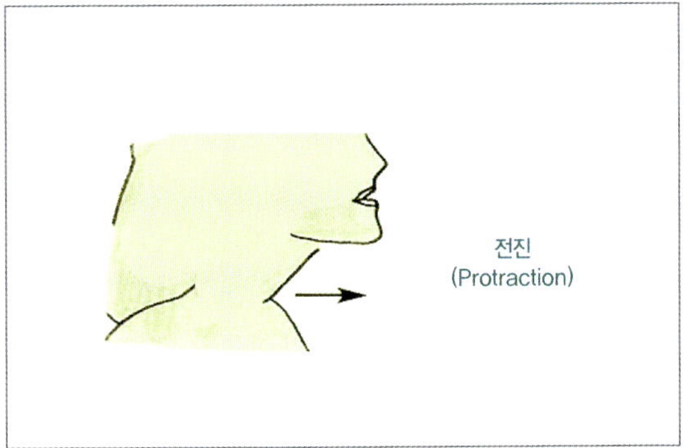

전진
(Protraction)

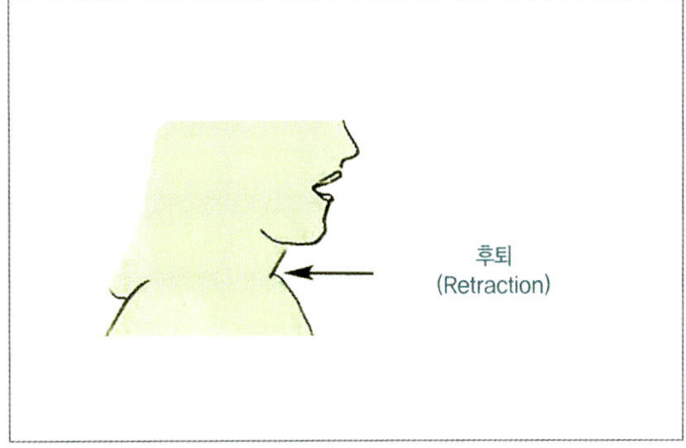

후퇴
(Retraction)

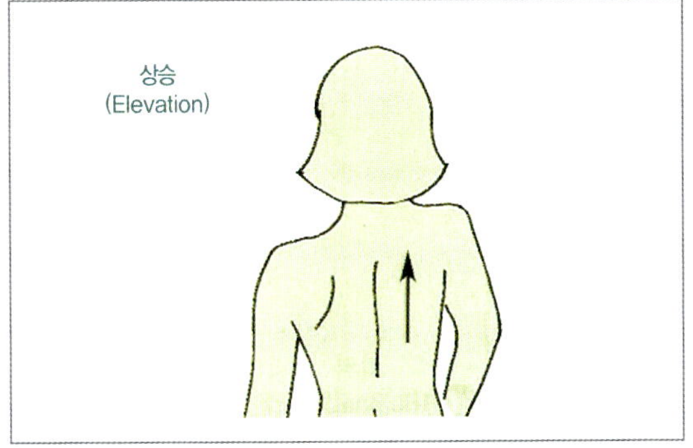

상승
(Elevation)

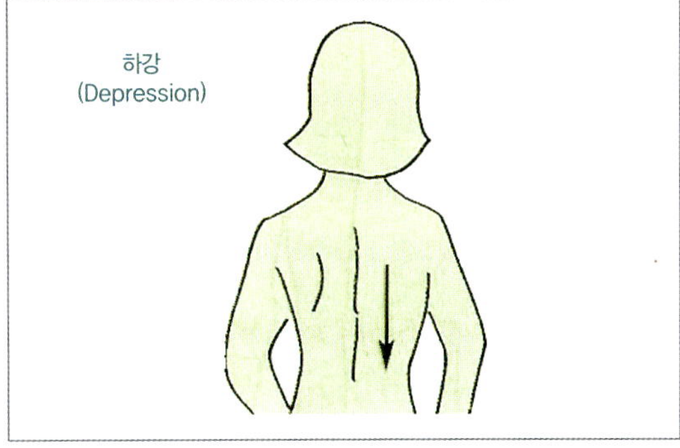

하강
(Depression)

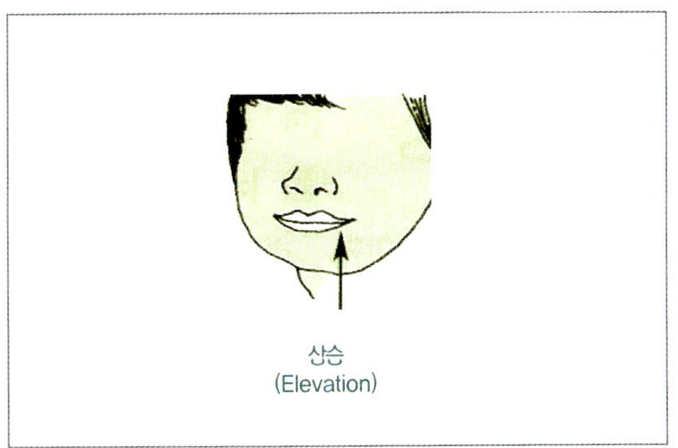

상승
(Elevation)

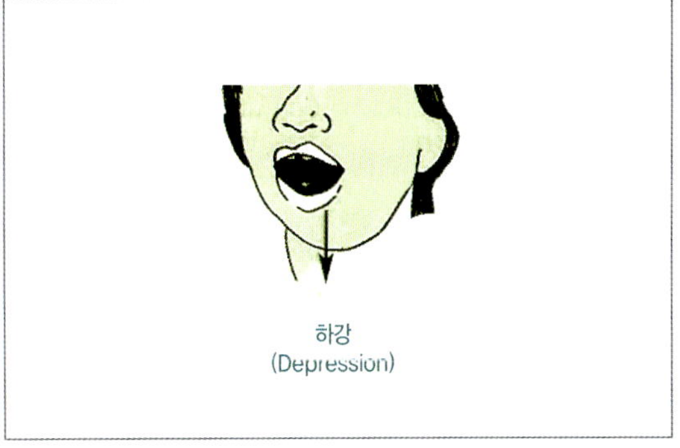

하강
(Depression)

>> 참고문헌

- Rael Isacowits. Pilates. Human Kinetics, 2006

- Malcolm Muirhead. Total Pilates. Thunder Bay Press, 2003

- Ellie Herman. Pilates For Dummies. Hungry Minds, 2002

- Tia Stanmore. The Pilates Back Book. Fair Winds Press, 2002

- Jennifer Pohlman. Simply Pilates Mind Bod Breath. Hinkler Books, 2004

- Michael King. Pilates Workbook. Ulysses Press, 2000

- Ellie Herman. Ellie Herman's Pilates Props Workbook. Ulysses Press, 2004

- Alycea Ungaro. Pilates Body in Motion. Darling Kindersley Limited, 2004

- Karrie Adamany and Daniel Loigerot. The Pilates Edge. Avery, 2004

- Kellina Stewart. Pilates for Beginners. HarperResource, 2001

- Nicola Conraths Lange and Nicola Conraths-lange. Survival Skills For Pilates Teachers: Thriving In The Mind-body Fitness World. Logokinesis Publishing, 2004

- Sian Williams and Dominique Jansen. The Beginner's Guide to Pilates. Barron's Educational Series, 2003

- Brooke Siler. The Pilates Body: The Ultimate At-Home Guide to Strengthening, Lengthening, and Toning Your Body-Without Machines. Broadway, 2000

- Joseph H. Pilates and William. Pilates' Return to Life Through Contrology. Presentation Dynamics, 1998

- Karena Thek Lineback. Osteopilates: Increase Bone Density Reduce Fracture Risk Look and Feel Great. New Page Books, 2003

- Colleen Craig. Pilates on the Ball: A Comprehensive Book and DVD Workout. Healing Arts Press, 2003

- Blandine Calais. Anatomy of Movement. Eastland Press, 2007

- Peggy Hackney. Making Connections: Total Body Integration Through Bartenieff Fundamentals. Routledge, 2000

- Dianne Ma Daniels and Peter Field Peck. Exercises for Osteoporosis: A Safe and Effective Way to Build Bone Density and Muscle Strength, Revised Edition. Hatherleigh Press, 2004

- Christopher M. Norris. Back Stability. Human Kinetics Pub, 2002

- Mabel Todd. The Thinking Body. Princeton Book Company, 1980

- Eric Franklin. Pelvic Power: Mind/Body Exercises for Strength, Flexibility, Posture, and Balance for Men and Women. Princeton Book Company, 2003

- Bonnie Bainbridge Cohen. Sensing, Feeling, and Action: The Experiential Anatomy of Body-Mind Centering. Contact Editions, 1994

- Karon Karter. Complete Idiot's Guide to the Pilates Method. Alpha, 2001

- Elizabeth Best-Martini. Exercise for Frail Elders. Human Kinetics Publishers, 2003
- Roberta E. Rikli & C. Jessie Jones. Senior Fitness Test Manual. Human Kinetics Publishers, 2001
- Scott K. Powers & Edward T. Howley. Exercise Physiology: Theory and Application To Fitness and Performance. Mc Graw Hill, 2001
- Eleanor McKenzie & Trevor Blount. The Joseph H. Pilates Method at Home. Ulysses Press, 2000
- Sherri R. Retz. The Osteoporosis Exercise Book: Building Better Bones. Osteo Physical Therapy, 1999
- Patricia A. Brill. Functional Fitness For Older Adults. Human Kinetics, 2004
- 대한스포츠의학회. 스포츠의학. 도서출판의학출판사, 2001